消費者政治學
Consumer Politics

楊鳳春◎著
孟樊◎策劃

出版緣起

　　社會如同個人，個人的知識涵養如何，正可以表現出他有多少的「文化水平」（大陸的用語）；同理，一個社會到底擁有多少「文化水平」，亦可以從它的組成分子的知識能力上窺知。眾所皆知，經濟蓬勃發展，物價生活改善，並不必然意味著這樣的社會在「文化水平」上也跟著成比例的水漲船高，以台灣社會目前在這方面的表現上來看，就是這種說法的最佳實例，正因為如此，才令有識之士憂心。

　　這便是我們——特別是站在一個出版者的立場——所要擔憂的問題：「經濟的富裕是否也使台灣人民的知識能力隨之提昇了？」答案

恐怕是不太樂觀的。正因爲如此，像《文化手邊冊》這樣的叢書才值得出版，也應該受到重視。蓋一個社會的「文化水平」既然可以從其成員的知識能力（廣而言之，還包括文藝涵養）上測知，而決定社會成員的知識能力及文藝涵養兩項至爲重要的因素，厥爲成員亦即民眾的閱讀習慣以及出版（書報雜誌）的質與量，這兩項因素雖互爲影響，但顯然後者實居主動的角色，換言之，一個社會的出版事業發達與否，以及它在出版質量上的成績如何，間接影響到它的「文化水平」的表現。

　　那麼我們要繼續追問的是：我們的出版業究竟繳出了什麼樣的成績單？以圖書出版來講，我們到底出版了那些書？這個問題的答案恐怕如前一樣也不怎麼樂觀。近年來的圖書出版業，受到市場的影響，逐利風氣甚盛，出版量雖然年年爬昇，但出版的品質卻令人操心；有鑑於此，一些出版同業爲了改善出版圖書的品質，進而提昇國人的知識能力，近幾年內前後也陸陸續續推出不少性屬「硬調」的理論叢

書。

　　這些理論叢書的出現，配合國內日益改革
與開放的步調，的確令人一新耳目，亦有助於
讀書風氣的改善。然而，細察這些「硬調」書
籍的出版與流傳，其中存在著不少問題。首先，
這些書絕大多數都屬「舶來品」，不是從歐美
「進口」，便是自日本飄洋過海而來，換言之，
這些書多半是西書的譯著。其次，這些書亦多
屬「大部頭」著作，雖是經典名著，長篇累牘，
則難以卒睹。由於不是國人的著作的關係，便
會產生下列三種狀況：其一，譯筆式的行文，
讀來頗有不暢之感，增加瞭解上的難度；其二，
書中闡述的內容，來自於不同的歷史與文化背
景，如果國人對西方（日本）的背景知識不夠
的話，也會使閱讀的困難度增加不少；其三，
書的選題不盡然切合本地讀者的需要，自然也
難以引起適度的關注。至於長篇累牘的「大部
頭」著作，則嚇走了原本有心一讀的讀者，更
不適合作為提昇國人知識能力的敲門磚。

　　基於此故，始有《文化手邊冊》叢書出版

之議，希望藉此叢書的出版，能提昇國人的知
識能力，並改善淺薄的讀書風氣，而其初衷即
針對上述諸項缺失而發，一來這些書文字精簡
扼要，每本約在六至七萬字之間，不對一般讀
者形成龐大的閱讀壓力，期能以言簡意賅的寫
作方式，提綱挈領地將一門知識、一種概念或
某一現象（運動）介紹給國人，打開知識進階
的大門；二來叢書的選題乃依據國人的需要而
設計，切合本地讀者的胃口，也兼顧到中西不
同背景的差異；三來這些書原則上均由本國學
者專家親自執筆，可避免譯筆的詰屈聱牙，文
字通曉流暢，可讀性高。更因為它以手冊型的
小開本方式推出，便於攜帶，可當案頭書讀，
可當床頭書看，亦可隨手攜帶瀏覽。從另一方
面看，《文化手邊冊》可以視為某類型的專業
辭典或百科全書式的分冊導讀。

　　我們不諱言這套集結國人心血結晶的叢書
本身所具備的使命感，企盼不管是有心還是無
心的讀者，都能來「一親她的芳澤」，進而藉
此提昇台灣社會的「文化水平」，在經濟長足

發展之餘，在生活條件改善之餘，國民所得逐
日上昇之餘，能因國人「文化水平」的提昇，
而洗雪洋人對我們「富裕的貧窮」及「貪婪之
島」之譏。無論如何，《文化手邊冊》是屬於
你和我的。

孟　樊

一九九三年二月於台北

序　言

　　消費者問題在一般的觀念和社會規則中均是作爲法律問題、經濟問題、市場問題，或至多是社會學意義上的問題出現的，正是由於這種定位和社會共同的運作規則，造成了迄今爲止仍然無法改變的消費者的弱勢地位；而又由於消費者難以改變的弱勢地位，所以無論把消費者問題當作什麼樣的問題來對待、來解決，也無法從根本上解決消費者的利益和保護問題：因爲在一個常態的社會中，無論何種解決方案，均是在既定的政治框架和安排之內進行的，而一般地說，消費者問題之所以會出現，恰恰是某種既定的框架或安排出了問題，那麼，

僅僅依憑這種本來就有問題的框架和安排，難
道真的能夠解決問題嗎？答案實際是很清楚
的。

　　因此，一個社會如果想真的解決消費者問
題、保護消費者在社會利益分配格局中的位置
的話，就必須尋求一種徹底解決消費者問題的
「根本」方法。

　　對現代政治社會來說，這種根本性的解決
方法就是在社會初始的、基本的框架和安排中，
為消費者留下一個適當的位置，即消費者保護
問題只有在消費者真正能夠在基本的政治制度
和安排中佔有獨立和適當的位置的時候，這種
保護才是實質性的、根本性的。從這個意義上
說，現代的消費者問題頗類似以前的種族平等
問題、男女平等問題等等，顯然，這類問題在
人類歷史發展中所具有的政治重要性是絲毫不
容質疑的。

　　因此，不難看到，消費者問題實際上並不
僅僅是一個當然的「形而下」的問題，它並不
那麼「庸俗」，而是在本質上具有一種關乎社

會正義和平等的性質。當然，人類對社會正義
以及平等的追求，可能會透過若干種不同的途
徑來達到，但是在政治社會，漸進的社會正義
和平等目標的實現，最主要、最根本的途徑，
還是政治途徑。消費者政治就是這樣的途徑之
一。

　　既然消費者政治是達致社會正義和平等的
途徑之一，那麼消費者政治也就是實踐社會正
義和平等的人類主流政治活動的一部份，從這
個角度來看，消費者政治也可以被看做是其他
任何一種類型的政治。在這個意義上，消費者
政治並不是什麼新鮮的話題，而不過是一般政
治內容的特定類型的展現而已。因此之故，這
本導言性質的《消費者政治學》也不是什麼新
穎的論題，只不過是把過去人們所沒有認識到
的，或沒有給予充分注意的問題，重新加以釐
定而已。雖然如此，作者還是非常希望有關人
士能夠關心和重視《消費者政治學》所試圖表
達和澄清的內容，而實際地運用消費者政治於
實際社會生活中去。倘能如此，人們所置身其

中的社會，一定能夠變得更合於正義、平等的
目標。

楊鳳春

1999 年 4 月於北京西三旗

目　錄

第一章
消費者政治學的概念

一、消費和消費者

(一)消費的概念和性質

消費是指在一定的社會經濟條件下，在一定的人與人之間的社會關係中進行的、與人們勞動相聯繫的對有效物品和勞務的消耗，是社會再生產過程中與生產、分配、交換相區別的特定階段和過程。

消費有兩種，一種是生產消費，另一種是生活消費。由於生產消費本身意味了生產過程的進行和延續，因此，一般而言，對生產資料

的消費已經包含在生產過程之中，消費過程就
是生產過程。生活消費則是指人們把生活資料
和勞務用於滿足人們生活需要的行為，「這種消
費被理解為起消滅作用的與生產相對的對立
面」[1]，從物質形態的角度看，正是生活消費
使產品「得到最後完成」。因此，真正區別於生
產活動的消費只能是生活消費，消費者與消費
對象（包括物質形態和勞務形態的消費品）之
間的物質交換，就是一般所說的消費。

　　由於人的消費行為總是發生在一定社會經
濟條件和社會關係之中，因此儘管消費首先體
現為人與自然的關係，但消費的本質特徵即在
於消費行為本身所具有的社會性意義和所體現
出的社會關係。正是由於認識到消費所具有的
社會性意義和社會關係的體現的性質，人們對
消費的研究才具有了歷史的含義，進行消費的
個人才具有了社會屬性，也正如凡勃倫所說：「我
們對事物的經濟意義的評價，在一定程度上是
由於比較重大的那些非經濟意義的評價……經
濟利益只有在它有助於這類高一層的、非經濟

的利益時，才有其重要意義。」[2]正是在這樣的意義上，消費問題成為研究有關社會政治問題的一個適當角度。

因此，消費不僅僅是純粹的物質交換，而必須被置於具體的社會環境中才具有意義，從這個角度看消費具備以下一些性質：

(1)與人類的勞動相聯繫。作為生物性存在的人總是要消耗各種各樣的物質，但人們並不會認為同樣是生物性存在的動物對物質的消耗是消費行為，這個道理說明人如果僅僅在生物性存在的意義上使用和消耗物質，並不能構成消費行為，其所消耗的物質也不會被認為是消費品。

(2)交換性。消費是構成社會再生產的環節之一，雖然人們也可以消費著自己直接生產出的產品，但從總體上看，無論是人的生命延續還是社會再生產的繼續，本質上都必須依賴於社會成員之間對勞動產品的交換，雖然不能說沒有交換就沒有消費，但在一個物質產品越來

越豐富的社會，交換制度的不發達是人們所不能想像的。從一般的意義上說，交換性構成了消費的前提。

(3)最終性。作為社會再生產構成環節的消費，與再生產其它環節的根本區別是其對物質產品的最終「消滅」：「生產創造出適合需要的對象；公配依照社會規律把它分配；交換依照個人需要把它已經分配的東西再分配；最後，在消費中，產品脫離這種社會運動，直接變成個人需要的對象的僕役，被享受而滿足個人需要。」[3]可以說，消費既是社會再生產過程的終結，又是社會生產的最終目的：最終不進入消費過程的社會再生產產品是難以想像的，而不以最終消費為目的而進行的有意識之社會生產活動也是不可理解的。

(二)消費者的概念和性質

從直觀的意義來說，消費者是具體進行消費行為的人，也就是那些購買和消耗物品及勞務的人。從嚴格的意義來說，消費者的概念是

與勞動、購買（交換）以及對物品的最終消耗聯繫在一起的，體現了消費的社會過程性質。

因此，嚴格地說，只有那些爲了滿足自己的最終需要和消費，購買和消耗物品及勞務的人，而不是所有的購買和消耗物品和勞務的人才是嚴格意義上的消費者。譬如，購買和消耗生產資料的人就不是嚴格意義上的消費者，由於對生產資料的消費並不是消費者的最終目的，而僅僅是其進行再生產的一種手段，因此消費生產資料的人的消費行爲並不具有真正的、最終的消費性質，而更主要地表現爲再生產性質，因而消費生產資料的人並不是使用最終消費品的消費者。

實際上，國際社會通常僅僅將爲滿足個人生活需要而購買、使用商品和服務的個體社會成員視爲消費者。例如，1974 年英國《消費者信用法》認爲，消費者是指非因自己經營業務而接受供貨商在日常營業中向他（她）或要求爲他（她）提供商品或勞務的個人。《布萊克法律詞典》將消費者定義爲：消費者是區別於製

造商、批發商和零售商而言的特定對象，包括
購買、取得和使用各類物品和服務的個人。國
際標準化組織消費者委員會在 1978 年的第一屆
年會上將消費者界定為為個人目的而購買或使
用商品和服務的個體社會成員。

　　從性質上來看，嚴格意義上的消費者首先
是個人性的、私人性的；其次，消費者必須具
有最終消費的性質；第三，消費者所消費的物
品和勞務必定是透過市場交換（購買）而來的，
那些消耗自己所生產物品的人，儘管也從事消
費行為，但並不是嚴格意義上的消費者。

二、消費者的歷史形態

　　由於消費是人們對物質或勞務形態的消費
對象的消耗，因此只要有人的生物性存在、只
要有與勞動相聯繫的物品和勞動的存在，就會
有消費的發生。因此，消費是一種相當普遍的
存在。甚至從某種角度來看，只要具備了與勞

動相聯繫的物品和勞務，而不論這些物品和勞務是否是透過交換獲得的，消費行為都可以發生，在這種意義上可以說消費是無所不在的。

　　然而，儘管消費是無所不在的，但消費者卻不是任何社會、任何時候都有的。在社會生產力原始落後的社會，如原始社會、自然經濟社會，是不存在嚴格意義上的消費者。這些社會因為生產力水平低下，物質產品匱乏，極大地限制了人們對物質產品的需求和消耗。在這種社會中，對大部分社會成員而言，消費主要和僅僅體現為個人為了生命的延續而進行的簡單維持型消費，消費是、並僅僅是為了生存，就其特徵而言，社會大部分成員的消費不僅是極其有限的，而且所消費的物品還主要侷限於自己生產和製造的範圍，不需要與其他（她）人進行交換，因此在這樣的社會中，普通社會成員是不可能成為嚴格意義上的消費者的。同樣的，對這些社會的統治階級來說，儘管他們在一定的程度上已經擺脫了生存的壓力，可以在相對豐富和自由的條件下，享受物品和服務，

但由於這些物品和服務的獲得是完全依賴於政治統治和特權地位，而不是透過平等的商品交換進行的，因此，他們儘管可以花天酒地、奢侈浪費，但他們也不可能成為真正的消費者。

　　實際上，不僅社會生產力落後的社會不存在嚴格意義上的消費者，就是在社會生產力水平獲得相當程度發展的社會，如計劃經濟社會，也是不存在普遍的、嚴格意義上的消費者。在計劃經濟社會，社會生產力水平的相對發展是以政府對社會的全面控制和管理為前提，在這種情況下，社會變成一個巨大無比的工廠，社會生活的所有方面都被納入政府全面的計劃、控制和干涉之下，在這樣的社會中，物質產品能夠得到相對豐富的發展，人們能夠獲得進一步滿足自己需求的物質產品。

　　然而，由於在嚴格的計劃經濟社會中，產品交換，不是基於平等的基礎，同時，在政府全面的統治和管理下，個人嚴格地說也不具有自由地決定和安排自己的行為、財產乃至一般消費的權利，因此儘管人們同樣在使用和消耗

物品和勞務，但由於人們對物品和勞務的支配
是不自由的、是被動的，在根本的意義上是由
公共權力、是由政府決定的，是被分配的，而
不是出於自己的權利、意志和需求來自由決定
和選擇的，因此計劃經濟條件下的社會成員也
沒有真正的、具有自我意識的消費行為，他們
也不是嚴格意義上的消費者。實際上，在一切
形式的計劃經濟社會中，都不可能存在嚴格意
義上的消費者。

　　嚴格意義上的消費者只能是市場經濟社會
的產物。在市場經濟社會，首先，社會成員普
遍地被納入到市場中去，所有的人均成為市場
的一員，承擔著市場的責任和義務，受市場共
同規則的約束；其次，市場經濟社會是迄今為
止人類社會物質產品最為豐富的社會，市場經
濟為人們最大限度地滿足物質需求提供了最大
的可能性；第三，在市場經濟社會，也只有在
市場經濟社會才出現了能夠把全體社會成員都
納入其中的消費者共同體，市場經濟社會物質
產品的極大豐富，為人們提供了選擇消費品的

物質基礎，種類繁多的商品間的競爭成爲社會成員既得以相互區別、又得以相互聯繫的媒介，「由於人們的消費方式和內容不同，因此形成了各種無形的新共同體……把人們所佔有和愛慕的物品變爲社會聯繫的媒介。取和用這類行爲有了新的含義……現在消費品已經比信仰更能使人們集結在一起。」[4]消費和消費品成爲社會凝結的新媒介，人們都在消費的旗幟下成爲消費社會的成員——消費者。

　　因此，在市場經濟社會中，不僅是基於全面交換基礎之上的消費成爲社會生產的目的，而且由於所有的社會成員均被統一納入市場體系之中，使所有社會成員個人需求的滿足均需透過市場交換模式來實現，這樣也就造成了社會所有成員都必須成爲市場交換的一員，也就是人人既是別人產品和勞務的提供者，同時也是別人所提供的產品和勞務的消費者；生產者就是消費者，消費者也是生產者，同時具有生產者身份的消費者成爲市場經濟社會的基本成員。在這個意義上可以說，消費者不僅是市場

經濟的產物，而且也構成了市場經濟社會的基本單元。

　　因此，我們可以這樣說，儘管消費是與人的生存和發展相聯繫的普遍現象，但消費者卻不是什麼時候都有的，而主要是與市場經濟相聯繫的歷史存在，正是在市場經濟社會中，消費者概念獲得了豐富的、歷史的內涵，消費者既是市場經濟社會的基本單元，又是吾人得以考察市場經濟社會其經濟、社會、政治等多方面內容的一個獨特視角。

三、作為政治學概念的消費者

　　一般而言，消費者並不被人們認為是一個政治學概念，而在更大的程度上被認為是一個經濟學、甚至是社會學的概念。在經濟學的視野中，消費者被視為是一個理性的經濟人，他（她）會算計、追求最大的利益，他（她）在社會再生產過程中的作用並不僅僅侷限於純粹

的消費，而是在消費的同時，也為自己「生產」
了最終的滿足。從經濟學的角度來看，消費者
既然是理性的，那麼他（她）總是會以一定數
額的支出，來選擇效用最大化的商品組合；而
對一個的理性的決策人來說，他（她）自然會
瞭解或預知有關的全部市場訊息，其偏好和選
擇都不會受到他（她）人的影響[5]。在經濟學
中，消費者不僅是理性的，而且是生活在一個
單獨為消費者設計和存在的消費王國裏，消費
者是能夠把握自己選擇和命運的「國王」。由此
可見，經濟學關於消費者的理論排除了大量非
市場、非經濟因素，是一種純粹經濟的分析。

　　相對而言，社會學對消費者的研究侷限性
更大。由於社會學對消費問題的研究幾乎完全
集中在對社會消費行為的研究上，無形之中把
作為消費行為主體的消費者降到了一個僅僅承
擔消費行為的載體的位置[6]。實際上，消費者
固然是在社會的網絡中存在和行為的，但消費
者應當是這個網絡的主人，而不是一個單純的
「配件」，如果人們僅僅從「配件」的角度去研

究消費者，那麼將不僅很難發現消費者對外部社會環境所具有的主動的、積極的關係，而且也無法揭示出消費者所面臨的外部社會關係的實質，如果完全停留在這樣的研究層次上，那麼社會學對消費問題的研究將會淪落爲僅僅只能對現存狀況進行簡單記錄和描述的地步。

相較而言，作爲政治學概念的消費者的內容、視野要寬廣得多。

首先，作爲政治學概念的消費者本質上是政治的，而不是純粹經濟的、物質的，消費者不再被僅僅當作是自利的經濟人或作爲社會構成成分的一個配件。亞里士多德早就說過「人生來就是政治動物」，而人的政治性是由人的社會性決定的，人不可能脫離社會而存在，因而必然是「政治」的。政治學概念的消費者，意味著消費者是主動地、超越了具體物質約束的、與社會政治系統相互作用的社會成員。政治的最終目的是爲了尋求利益和權力，而爲了達到這些目的，又必須透過政治的方式，來對公共政策施加影響。換言之，消費者的利益和權利，

從其作爲政治行爲者的角度看,是需要透過「政治」的方式和途徑,在與其他(她)社會集團的相互作用過程中,從政府政策和社會各集團的相互關係中得到根本的實現,因此作爲政治學概念的消費者本質上是主動的、積極的、政治的,而不僅僅是政府政策和市場的一個被動接受者。

　　第二,人不僅是政治的,而且是社會性的,從本質上來看,人的政治性是來源於人的社會性的,人的社會性提供了人的政治性的基礎。作爲政治學概念的消費者的社會性揭示了消費者與外部社會關係的實質。與經濟學、社會學對消費者的認識不同,政治學意義上的消費者體現了消費者與外部社會具有更本質、更直接關係的性質,在這種聯繫中,消費者的社會性,甚至消費者的政治性得以展現。從消費者的歷史形態不難發現,消費者是市場經濟社會的產物和基本單元,消費者的出現和存在是市場經濟的本質反映,市場經濟成爲消費者現實的社會基礎,市場經濟就是消費者的外部社會,消

費者與市場經濟之間有著深刻的、必然的聯繫。

這種聯繫首先表現在市場缺陷對消費者的影響上。儘管市場經濟是迄今為止人類社會所創造的最富有效率的社會機制，但市場經濟也存在著一系列的缺陷和不完善，如外部性與公共財、報酬遞增、市場的不完全和分配的不平等等[7]，這些都必然會影響到包括消費者在內的所有社會成員。相較而言，市場缺陷對消費者的有害影響最為嚴重、最為明顯。這是由於消費者處於社會再生產環節的最終一環，因此市場缺陷所造成的所有損害必然會直接、間接地延伸到這個最終環節，從而使消費者成為市場缺陷的承擔者；換言之，消費者直接或間接地受到市場缺陷的影響，這是市場經濟社會必然的現象。因此，如何降低這些負面影響，儘可能減輕和補償這些損害，將是作為政治人的消費者所關心的重要問題；其次，這種聯繫還表現在消費者與市場經濟社會各社會集團和主體的關係上，生產者－經營者為一方、消費者為另一方，雙方的利益本質上是相衝突的，而

在利益衝突和市場經濟社會所提供的政治、社會環境下，消費者如何透過政治的方式，保護自身權利、尋求最大利益，將表現出消費者的社會性，顯然這是重要的政治學問題。

　　第三，政治學概念的消費者有助於更客觀的認識政府、認識政府政策的實質和作用。關於政府是人類社會的必要之「惡」的說法，在現實生活中似乎並不能給人們以多少實際的助益，儘管隨著市場經濟社會的確立和發展，政府和社會得到了一定程度的分離，但政府權力依然巨大無比，政府仍然、而且愈來愈在社會生活中發揮支配和壓倒的作用，這一事實似乎早已麻木了人們的意識。對於一個不得不有的「惡」，政府權力的增長和膨脹，倒不是絕對不可接受的，但問題是政府真的能夠有效地解決社會問題，能夠做出對所有的社會成員公正、平等的政策嗎？實際上，政府也是有其獨特利益，政府的政策在很大程度上受到利益集團的影響，這表明了：在大多數的情況下，政府的政策皆不符合公平正義，而是反映了特定團體

的利益。從另一個角度來說，既便政府主觀上
具有向社會提供合理、公正、平等政策的願望，
但政府客觀上的政策能力也是達不到的：政府
所面臨的現實政治環境存在著很多導致政府無
能、政府失靈的領域。因此，社會成員為了維
護自己的利益和權利，如果僅僅依靠政府的力
量顯然是遠遠不夠的。即便是在比較完善的市
場經濟社會中，亦是如此。從消費者的角度看，
由於政府透過公共政策掌握和調節著社會利益
的再分配，而消費者又是社會再生產環節的最
後一環，因此政府政策不論以怎樣的形式出現、
不論經過怎樣的環節和轉化，消費者都將是政
府政策所產生後果的最終承擔者，而且消費都
對政府政策的承擔，要比生產者－經營者對政
府政策的承擔更具有最終性，在這種意義上可
以說，消費者與政府政策有著最根本、最重要
的利害關係。更進一步來說，在那些市場失靈
的領域，市場的自然調節機制失去效力，政府
政策成為解決社會集團間利益和權利分配的主
要根據和原則，政府政策從後台走上前台，勢

必發揮更大、更全面的影響，在這種情況下，
消費者無疑將會受到政府政策更大、更直接的
影響。

　　第四，一般來說，市場經濟是一種經濟制
度，且一般是與代議民主制這樣的政治制度相
聯繫的。市場經濟社會普遍採用代議民主制，
代議民主制又主要能夠生存和發展於市場經濟
社會，這說明了兩者之間存在著內在的相容性、
適應性：市場經濟的經濟制度提供了代議民主
制所必然要求的社會利益多元化、社會集團分
化多樣化的政治基礎；代議民主制則在上層建
築的層面保證了各種社會經濟活動的主體對包
括市場經濟制度在內的、有關各個不同的社會
集團的利益、權利分配的政治安排的發言權。

　　但是，儘管在市場經濟制度和代議民主制
之間存在著比較高度的相容性，但代議民主制
究其實質仍然還是一種代表制，其理想是要代
表有關的社會階層和集團，甚至是全社會的利
益和要求[8]，但在現實政治中，這樣的代表制
實際上是不存在的，代議民主制至多只爲不同

的社會階層和集團在競逐更多的權利和資源提
供了一種制度設施。顯然，作為市場經濟社會
上層建築的代議民主制，其意義和功能不在於
試圖為社會全體成員提供結果上平等的公共政
策，而在於為社會成員提供了一種可以展開公
開競爭的制度和場地。社會各個主要的階層和
集團早已利用代議民主制來競爭和實現自己的
利益，這種狀況也早已得到人們充分的認可和
接受。但是作為具有獨特利益和權利要求的消
費者長期以來卻並未能夠以獨立主體的身份參
加代議民主制：現實生活中的消費者，其政治
發言權和利益表達一直由其他社會集團、或由
單個消費者自身所具有的其他社會身份來代
表、來表達，這種狀況在根本上消減和降低了
消費者作為一個獨特的社會集團所應具有的政
治重要性。因此，不難看到，消費者之作為一
個社會利益集團，其在代議民主制中的地位及
其與代議民主制的聯繫似乎並沒有得到確立，
消費者對代議民主制的完善和進一步發揮其應
有的作用有所貢獻，似乎也沒有得到人們足夠

的重視。其中的原因固然與傳統消費者概念過於廣泛、過於大而無當,以致於消費者迄今無法作為一個邊界清晰、規模適當的社會集團、群體而參加社會政治活動有關,但相較之下,更重要的原因在於,消費者集團與生產者－經營者集團無論是在組織化程度、還是在實力對比等所表現出的差距。

四、消費者政治學的涵義

　　政治學概念的消費者顯然是不同與一般意義上的消費者,而有自己獨特的內容和視角。按照一般共同接受的說法,政治學是研究社會中不同的個人、集團在什麼時候、以什麼方式得到什麼社會價值的學科,其根本目的是研究社會價值在社會中所進行的權威性分配[9]。對於社會分配而言,消費者的重要性,是由其在社會再生產過程中所具有的對商品和勞務的最終消費功能所決定的,也就是說消費者個人及

其群體是最直接的、最明顯地與社會價值的最終分配相聯繫的社會集團。因此，撇開消費行為的外在形式，消費者在社會再生產和分配的環節中處於怎樣的地位，如何得到、和得到多少社會有價值的商品和勞務的問題，將是一個直接與政治學的最終目的相關聯的問題。消費者政治學就是試圖在政治學的最終目的和消費者的現實存在之間建立起某種聯繫，以考察在社會政治生活領域中消費者作為「政治人」是怎樣和如何行為的，也就是說，消費者政治學是以某種獨特視角研究消費者在社會政治過程中的地位、作用及其對整個社會政治影響的後果的政治學分支學科。

　　具體而言，消費者政治學關心的主要有以下一些主要問題：

　　(1)消費者的政治屬性。既然是在政治學的視野中考察消費者，那麼消費者具有一些什麼樣的政治屬性就是一個基本的問題了。對這個問題的瞭解，可以使我們進一步地明瞭消費者

在社會政治領域中的特點和可能會發生的作用。

(2)消費者的政治功能。實際上，不論消費者具有什麼樣的政治屬性，在政治社會中，消費者都會具有自己的政治功能，除非消費者能夠脫離、游離於政治社會之外。差別可能僅僅在於：在對這些功能的開發和利用上，現實政治社會是否提供了足夠的管道和條件，也就是說，消費者的政治功能本質上並不是一個孤立和靜態的對象，而是一個高度依賴於外在社會環境的存在。

(3)消費者政治的表現形式。消費者政治是透過一定的形式表現和得到實現的，因此消費者政治的表現形式具有重要的意義。由於消費者政治在一定的程度上依賴於外在社會所能夠提供的現實的政治行為方式和手段，因此，消費者政治的表現形式往往並不僅僅是一個簡單的事實問題，而在一定程度上反映了一個特定社會的政治開放程度和有關社會成員所持有的價值觀和社會選擇問題。

　　(4)消費者政治的經驗比較。如果消費者在
現實社會中存在著消費者政治的各種不同的實
際操作。消費者政治的操作與消費者政治學實
際是相互印證、相互發現的關係。事實上，在
大部分國家的社會政治實踐中，消費者政治都
有不同程度的發展，而在有些國家和地區，消
費者政治更達到了比較高度的發展。

注　釋

[1]馬克思:《〈政治經濟學批判〉導言》,《馬克思恩格斯選集》,第2卷,北京:人民出版社,1972年版,第93頁。

[2](美)托爾斯坦‧凡勃倫(Thorstein Veblen):《有閒階級論》(*The Theory of The Leisure Class*),北京:商務印書館,1983年版,第212頁。

[3]馬克思:《〈政治經濟學批判〉導言》,《馬克思恩格斯選集》,北京:人民出版社,1972年版,第2卷,第91頁。

[4](美)丹尼爾‧布爾斯廷(Daniel J. Boorstin):《美國人:民主歷程》(*The Americans : The Democratic Experience*),中國對外翻譯出版公司翻譯,北京:生活‧讀書‧新知三聯書店(北京),1993年版,第101-102頁。

[5]有關消費者經濟人特徵的一些理論假設的概括參見(日)富勇健一:《經濟社會學》,孫日明等譯,天津:南開大學出版社,1987年版,第57頁。

[6]在這方面彭華明所著《消費社會學》提供了適當的例證,該書據稱可能是該領域的第一本著作。參見:王輝所作的《序》,載於彭華明:《消費社會學》,天津:南開大學出版社,1996年版,第2頁。

[7]有關市場缺陷的評論,可參見(美)查爾斯‧沃

爾夫(Charles Wolf)：《市場或政府》(*Markets or Governments*)，謝旭譯，北京：中國發展出版社，1994 年版，第 18-26 頁。

[8]戴維・米勒（David Miller）、韋農・波格丹諾（Vernon Bogdanor）：《布萊克維爾政治學百科全書》(*The Blackwell Encyclopedia of Political Thought*)，中國問題研究所等組織翻譯，北京：中國政治大學出版社，1992 年版，第 648－649 頁。

[9]拉斯維爾(Harold Lasswell)《政治學》(*Politics*)的書名開宗明義，指明是專門研究人類社會生活中「誰得到什麼？是如何得到？」的問題。參見：哈羅德・拉斯維爾：《政治學》，楊昌裕譯，北京：商務印書館，1992 年版。

第二章
消費者的政治屬性

一、消費行為的政治性質

　　消費者之所以和其他社會成員有所區別，在於消費者的身分是由其所進行的消費行為決定的；如果消費行為僅僅具有經濟行為和一般社會行為的性質，那麼消費者是無須被納入政治分析的框架的。確實，從表面看來，消費行為是一種純粹的經濟和社會行為，但事實上，消費行為卻具有重要的政治性質。從整體來看，消費行為在一般的意義上表現為經濟行為、個人行為，但在某種程度上卻體現了消費者個人

和群體與政府政策的關係。

那麼，什麼是消費行為呢？消費行為是消費者在追求那些能夠滿足自己需要的商品和勞務過程中，所發生的尋找、購買、使用和評價及其他相關活動的總和。消費社會學認為，消費行為由若干階段構成：消費者需要的激發和購買動機的形成階段、獲取商品訊息階段、消費決策階段、購買階段和購買後的評價階段[1]。可見，消費行為是由不同的部分構成的，這些不同的部分實際體現了消費者在具體消費問題上所產生的與外部社會的關係。這一點具有重要的意義。

消費行為是發生在一定的消費環境中，消費環境就是消費者所置身其中的外部世界及各種各樣的社會關係。消費者的外部世界主要由非市場和市場兩部分構成。在非市場的環境中所發生的消費行為，主要表現為消費者在某些特殊商品和勞務領域所進行的消費，這類商品或勞務所具有的公共性或自然獨占傾向等性質，決定了這類商品和勞務只能或直接由政府、

而不是由普通的生產者―經營者提供，或者只
有當生產者―經營者被置於政府管制條件下，
商品才能夠被生產出來，因而這類商品具有不
同於一般商品的、非市場的特性，消費者在消
費這些產品時，其行為會更多、更直接地受到
政府政策、政治等因素的影響，從而相對明顯
地體現出消費行為的政治特性。換言之，在非
市場領域，由於政府實際上扮演了公共財的提
供者和產業壟斷的規定者的角色，因此消費者
所進行的消費行為也就成了連接政府政策與消
費者個人（群體）的媒介，消費行為也就直接
反映了消費者與政府的關係。在這種情況尚未
普遍化之前，消費者與政府的關係可能僅僅具
有個案的性質，但當這種情況成為社會的普遍
現象以後，消費者與政府的關係就成為只能以
政治形式出現的社會（以消費者面貌出現）與
政府（以商品提供者或準管理者面貌出現）的
關係問題了。因此，在非市場領域中，消費者
的消費行為在最本質的意義上體現了社會與政
府的關係。

　　相對而言，在市場領域中消費者消費行為
的政治性質似乎是隱而不顯的。按照一般的理
解，消費者在進行消費行為時與外部世界的關
係是依照市場規則進行的，消費是「完善市場」
的一部分。但實際上即是在「完善市場」中，
消費者仍然會受到諸多因素的制約，這些因素
程度不同地妨礙了消費者實際以市場規則進行
消費行為，而現實生活中，「完善市場」實際是
不可能的，因此，消費者在進行消費行為時，
只能受到更多因素的影響和制約，從而使消費
行為嚴重地偏離市場規則。首先，在特定的市
場中，任何消費者所實際可能得到的消費品和
勞務都是既定的，從這個意義上說，充分平等
的交易、消費者的選擇自由、交易雙方的訊息
對等都是不可能的，相對於生產者—經營者而
言，消費者必然是相對被動的、相對從屬的，
他們從來就不是真正充分自由的，如果說，在
市場經濟社會真的存在著某種消費者自由的
話，那麼這種消費者自由也只是消費者在外部
社會既定的範圍內，在考慮到自己全部資源的

限制的情況下，所獲得最大限度滿足的自由，
可見，消費者的地位是脆弱的，消費者自由也
是有其特定含義的。

　　其次，除了消費者相對於生產者─經營者
地位的不對等之外，市場對消費者還具有更加
直接的強制作爲，這種強制是由市場的性質決
定的：消費行爲一般是在市場中進行的，而市
場是一種制度，與社會生活的其他制度一樣，
市場對市場成員而言，是一種規則，因而必然
地具有強制的性質，當然這種強制是透過市場
所具有的認識功能而產生作用的，這種功能表
現在：市場不僅僅爲社會成員提供訊息，而且
還實際地構造了參與其中的當事人的認識過程
以及他們偏好和利益的形成過程[2]，也就是說，
市場不僅是市場成員交易的場所，而且也是「塑
造」市場成員的場所。那麼，消費者又是被什
麼人塑造呢？實際是被生產者─經營者及其產
品所塑造的，因爲人們很難設想沒有消費品的
消費者，也很難設想超越了特定社會的時代、
也就是特定的生產者─經營者的消費者，而那

些被各種各樣的消費潮流牽著鼻子走的人，恰
恰說明了市場在「塑造」消費者方面的成功，
也說明了市場對消費者所具有的巨大強制力。

　　因此，在市場領域，消費者的消費行為決
定了消費者地位的相對不平等和相對於生產者
─經營者的對市場影響力的不平等。這兩方面
的不平等決定了消費者與生產者─經營者的關
係，其中含有大量的非市場因素，顯然在現代
市場經濟社會，這些非市場因素是具有相當程
度的政治性質的。

　　那麼，這些非市場因素究竟具有怎樣的政
治作用呢？

　　從整體上來說，市場過程中的非市場因素
是與市場的不完善聯繫在一起的：由於市場的
不完善，市場必然會尋找彌補、替代市場因素
的非市場因素來最終實現市場功能，而實際上
市場經濟是人類社會迄今為止最有效、最完善
的交換制度，市場經濟因其高度的規則性而與
社會的法治化緊密相連，從而與社會的政治制
度得到高度的整合。因此，對市場缺陷的彌補，

必會訴諸社會的政治方式，也就是說，政治、政府政策將是解決市場缺陷的唯一最終途徑，這樣也就不難看到，即使是在市場經濟環境下，政治、政府政策也會在市場過程中發揮重要的作用。

消費者和生產者一經營者之間從來就存在著的不平等本來並不具有政治意義，但是由於這一制度有著根本的缺陷，所以雙方，特別是生產者一經營者一方（因為只有他們才最有能力、最有條件去獲得政府、政府政策的支持）都會竭盡所能去尋求政府政策的支持，以政治力量彌補因市場缺陷而形成的政策和利益真空，扭轉於己不利的局面或極大化自身利益，從而在本來不具有政治含義的市場行為、經濟行為之中增加了相當成分的政治行為，有的甚至直接轉化為政治行為。在大量加入了政治因素、政府政策因素之後的市場，消費者的消費行為也就必然地發生了變化，從而具有相當的政治含義。在現實生活中，大量存在的由於市場的不完善性所導致的政府對市場的干預說明

了消費者在非市場領域確確實實受到了政府政
策的影響，市場在特定的部分、特定的時間成
為政治的直接結果。

二、消費者在宏觀政治中的
地位和作用

消費行為具有政治意義，作為消費行為主
體的消費者自然也會受到相應的政治因素的影
響，從而具有政治性質，但是，這種政治性質
是否僅僅就是消費行為政治意義的人格化呢？
顯然，消費者的政治屬性固然首先包括人格化
的消費行為的政治意義，但消費者在國家宏觀
政治中所具有的地位和作用使消費者的政治屬
性具有廣泛、深刻得多的內容：消費者是構成
市場經濟社會國家宏觀政治的基礎和基本成分
之一。

本來，一般認為消費者的社會角色並不具
有政治性質，因而也就不具有政治社會的基礎

和基本成分的性質，這種狀況不僅表現在非市場經濟社會，而且也包括市場經濟社會。

在非市場經濟社會，由於沒有真正意義上的消費者，所以本質上並不存在消費者與宏觀政治的關係問題。不僅如此，在非市場經濟的傳統政治和相應的理論觀念中，國家和社會是高度一體的，國家就是社會，社會同時也是具體而微的國家；與龐大無比的國家相比較，社會是渺小、微不足道的，是依附於國家而存在的，是依附性的；國家與社會沒有區別和界限。因此國家宏觀政治也就基本體現爲國家的一整套上層建築設施，在這樣的政治實踐和理論觀念中，是沒有一般社會成員的地位的，國家宏觀政治是、而且僅僅是少數特殊政治階層和國家政權執掌者的事，普通社會成員處於被拋棄、被排斥的地位，因此，即使存在純粹意義上的消費者，社會一般成員也是不可能進入國家宏觀政治中間去的。

在市場經濟社會，雖然隨著市場經濟制度的建立以及隨之發生的現代政治發展，使傳統

的政治社會得到根本改造，建立起民主、多元
的社會政治格局，但政治社會仍然基本上是脫
離於一般社會生活之外的。在市場經濟社會，
儘管國家宏觀政治從整體上看，不再是小部分
社會特權階級的勢力範圍，社會成員一般能夠
以一定的社會角色如選民、政黨成員等身份和
特定的方式如投票、建立政黨等參與國家政治
生活，國家宏觀政治在法律上、理論上成為社
會普通成員生活中的一項內容，但實際上，國
家宏觀政治在整體上仍然是社會一般成員難以
涉足的領域：從國家宏觀政治為社會一般成員
所提供的參與管道來說，社會上一般成員是無
法長期、直接地介入宏觀政治的，從政治權力
的分配和占有的角度來說，社會上一般成員由
於各式各樣的原因，實際上是很難得到相應份
額的政治權力的，社會政治權力的分配總是傾
向於社會特權階級[3]。所有這些情況使社會一
般成員無法直接、具體、經常的感受到自己與
國家政治間的關係，反而不斷加深和強化了社
會一般成員對國家宏觀政治的疏離，國家政治

仍然主要局限在上層建築領域，這樣一來，市場經濟體制所具有的內在的民主性質由於缺乏適當的運作管道，也就在本質上受到了損害。

　　可見，即使是在市場經濟社會，或者是在已經具備了基本政治民主化、多元化制度的條件下，國家宏觀政治的民主性質也有可能受到本質性的損害。造成這種損害的根本原因在於政治社會與社會一般成員之間缺乏直接、具體、經常的聯繫，因而政治制度所承認和提供的社會一般成員的民主政治權利缺乏實在的實現條件；而目前適用於社會一般成員參與國家宏觀政治的身份和角色，從整體上看是無法為社會一般成員長期、經常、直接地介入宏觀政治提供條件的：由於社會一般成員參與國家宏觀政治的最普通身份是選民，而在代議政治中，選民的全部職責基本上是幾年一次的投票，因而一旦選民完成了投票行為，選民與國家宏觀政治也就沒有什麼關係了。因此，可以說，選民在國家宏觀政治的層面，目前儘管具有重要的作用，但還遠遠沒有成為國家宏觀政治的基礎

和基本成分，或者說，僅僅只有代議制度中的
選民，國家宏觀政治的基礎還是有欠堅實的。

　　代議制度中的選民無法成為連接社會一般
成員與國家宏觀政治之間的媒介，關鍵在於對
選民個人來說，政治投票的儀式性大於它的實
際政治意義。政治投票是選民參與宏觀政治的
主要手段，其實質是作為整體的選民對政治人
物的法律授權，這是現代民主國家最重要的制
度之一。這一制度對於作為整體的選民來說，
固然是很民主的，但對具體的選民個人來說，
由於個人的任何努力均會被巨大無比的整體力
量所淹沒，個人在這一過程中是無法體會到自
己投票的政治價值的。因此，以政治投票作為
選民個人政治參與的主要手段，本質上是無法
使選民具有具體、直接的政治價值感的，因而
選民個人的投票行為也就很難充滿具體、實在
的政治內容，而往往更多地源自於義務感、慣
性等非政治因素。此外，作為現代民主國家最
重要的基本制度之一，政治投票在時間上是不
可能被經常連續不斷地舉行的，因此，對選民

個人來說，政治投票作爲一種參與方式也是不
便利的。總之，政治投票的內在性質，使作爲
具體個人的選民無法成爲連接社會與國家政權
的媒介，也使代議政治陷於自身無法解脫的困
境。

　　相較而言，如果將社會一般成員所具有的
消費者身份納入到國家宏觀政治中間去，國家
宏觀政治與社會一般成員之間的隔離狀態會得
到很大程度的改觀：社會普通成員以消費者的
身份透過連續不斷地、直接地對政府政策的參
與，將會與國家宏觀政治建立經常、具體、直
接和穩定的聯繫，從而改變政治社會與一般社
會生活的脫節狀況，消費者在國家宏觀政治中
將會取得比「選民」身份更爲重要的地位和作
用，成爲國家宏觀政治的基礎和基本成份。顯
然這是一個在建立了市場經濟體制之後，如何
進一步實現可以運作的政治民主的重大問題，
具有重要的實踐和理論意義。

　　消費者之所以能夠成爲國家宏觀政治的基
礎和基本的成分，在於消費者能夠透過消費這

個特定的行為在國家宏觀政治與社會一般成員之間建立起適當的聯繫，而這種聯繫的建立又是與消費的多樣性、消費行為的具體性和消費者身份的多重性有關的。

　　從消費的多樣性角度來看，市場經濟社會是一種經濟高度發展、物質極為豐富的社會，消費者的消費選擇也是豐富多樣的，消費的多樣性實際意味著生產的多樣性，而生產的多樣性是建立在眾多的生產者—經營者基礎之上的，這樣消費者就能夠透過消費最終建立起與不同的生產者—經營者的關係，從而塑造了自己廣泛、多樣的社會聯繫，而生產者—經營者在提供商品的過程中所形成的與政府的關係，與政府政策的關係，透過消費者的消費行為又最終與消費者聯繫在一起，也就是說，儘管消費者可能並不直接地試圖去與政府政治、政府政策發生關係，並不試圖去影響政府政策，但消費者最終將承擔政府政治、政府政策的全部有關後果，而且消費者這種對有關政治和政策後果的承坦，還不是少量個別的、偶然特殊的，

而是與消費者消費的多樣性相一致的，也就是說，有多少樣的消費，消費者就會承擔多少樣的政治和政策後果，儘管在大部份情況下，人們並沒有注意到這一點。

從消費行為具體性的角度來看，消費者的消費都是指向具體、特定的商品的，因而特定消費者特定的消費行為是非常具體的、是可以實現的，消費者在消費時不存在任何不可操作性（除非還不存在這樣的消費和消費品）。這一特點決定了消費者與生產者—經營者的關係也是非常具體、特定的，因此假使消費者對決定和支配了商品提供者的政府政治和政府政策有所要求的話，那麼也極有可能是非常具體、非常可操作的。這一特點決定了社會普通成員將會在具體、特定的層面上參與國家的政治生活。

消費者身份的多重性則表現在：一方面消費者所消費的商品是各式各樣的，因而消費者是具有多重商品消費者的身份的，另一方面，消費者在擔當多種身份消費者的同時，他還是社會生活中其他方面的行為者，他還要參與社

會生活的其他方面，因而具有其他的社會身份，
這些社會身份也可以引發政治行為。這一特性
表明，社會普通成員與國家宏觀政治之間的關
係將會由於消費者身份的多重性而具有廣泛、
普遍的性質，同時，消費者與國家宏觀政治之
間的關係也不再僅僅侷限於消費領域，而會隨
著消費者同時具有的其他社會身份擴展到更
大、更廣泛的領域。

三、消費者在微觀政治中的地位和作用

　　與消費者在國家宏觀政治中所具有的潛在
重要性相比，消費者是否具有真實的政治積極
性？這在目前消費者政治還主要是理論上的概
念的情況下，具有更加重要的意義：儘管消費
者在國家宏觀政治中具有重要的地位，但如果
消費者在現實的社會生活中沒有足夠的動力、
條件和機會將這種潛在的重要性轉化為現實的

政治行爲和政治力量，那麼消費者在未來的政治社會中仍然不會獲得一席之地。所以，考察消費者在日常社會生活中的政治態度、政治行爲，以判斷消費者政治的現實程度，實際是消費者政治研究中的現實問題。

　　消費者在日常社會生活中的政治行爲問題一般發生在兩種情況下：其一，當消費者的個人利益受到侵害時，消費者個人是將這一問題僅僅作爲個案加以解決，還是在主觀上認爲這是一個其他消費者也可能會遇到的、具有社會普遍共同性的問題，因此必須透過適當的途徑訴諸於更廣泛的議題，並願意聯合其他具有相同意願的人，以共同求得相應的社會支持，最終達到解決問題的目的，實際上，在這種情況下，消費者個人所遇到的已不再僅僅是個人利益問題了，消費者個人的問題已經由於他（她）的努力而轉化爲社會政治問題。如果消費者個人透過適當的努力而將其轉化爲社會政治問題的話，那麼這時消費者個人所進行的活動就不再是個人行爲，也不再僅僅具有一般的經濟和

法律意義，而更具有政治意義，也就是政治行
為。

　　其二，當若干消費者個人為了共同的個人
利益問題而組織成消費者利益集團，並試圖透
過政治方式解決問題時，處於消費者利益集團
中的每一個消費者個人是否有足夠的積極性和
動力，去為集團的共同利益而付出，也就是說，
每一個消費者個人是否願意採用適當的集體行
動去爭取集團利益。當每一個消費者個人願意
為實現集團的共同利益而採取集體行動時，消
費者利益集團內部為獲得共同利益而組織集體
行動的政治活動也就產生了，參與了消費者集
體行動的消費者個人的政治行為也就產生了。
顯然在這種情況下，消費者個人所從事的主要
是政治活動，是相當不同於前一種情況下的依
賴既有法律保護的個體行動。因此，從類型上
看，如果說消費者在國家宏觀政治中所具有的
潛在地位和作用是消費者政治的宏觀領域的
話，那麼消費者個人如何對待自身利益受侵害
的事實以及如何組織和介入消費者集體行動的

政治活動，就可被視爲是消費者政治的微觀領域了。

那麼，在微觀領域消費者又具有什麼樣的政治地位和重要性呢？

簡單來說，對具體的消費者而言，消費者在微觀領域中的政治地位和重要性主要取決於以下兩個問題：一是他（她）將如何處理在消費過程中所發生的個人利益受侵害問題，二是當他（她）參與到某一消費者利益集團中時，他（她）是否會爲集團的共同利益、而不僅僅是個人利益而採取適當的集體行動。

如前所述，消費者個人如何對待自身利益受侵害這一問題直接關係到消費者政治的發生。從經驗上看，消費者在解決因消費而引起的自身利益受侵害問題方面，一般可採取的方式主要有兩種：個案形式的經濟—法律解決和集體形式的政治—法律解決，顯然這是兩種作用、性質和後果都不相同的解決方式。個案形式的經濟—法律解決方式對具體的消費者個人而言，由於其具有社會關係單純、目標收益有

限等特點，往往更適用於具體的消費者個人來
處理其與特定生產者—經營者關係的問題，在
這種模式中，消費者個人只需要透過與具體的
生產者—經營者的協商、談判或至多訴諸法律，
就可望獲得問題的一般性解決，因此對具體的
消費者個人來說，其所投入的時間、精力和其
它類型的資源會被限制在一個有限的範圍內，
也就是說，消費者為獲取一定利益補償所必須
付出的成本較低，比較收益卻可能較高。

　　然而，這種解決方式的前提是必須存在明
確的、有利於消費者的法律及其相應的制度。
當消費者利益的被侵害並不是由於個別生產者
—經營者破壞現有法律所致，而是由於法律本
身就是不公正、不合理所致時，透過這種方式
將無法獲致問題的解決，消費者利益被侵害的
狀況亦無法得到改變。因此，從功能的角度來
看，個案型式的經濟—法律解決方式有其侷限
性，這種侷限性限制了消費者對這種形式的利
用，也為消費者政治提供了可能性。相較而言，
集體形式的政治—法律解決方式顯然比個案形

式的經濟—法律解決方式要複雜得多，消費者
個人付出的代價也要多得多，因此，在一般性
的、利益受損比較輕微的情況下，消費者個人
可能並不傾向於使用這種方式解決自己的問
題，但當消費者個人利益受損並不是由於個別
的生產者—經營者對有關法律的破壞而引起，
而是由於現行法律和政府政策的原因，或生產
者—經營者的絕對優越地位所引起，那麼對消
費者個人來說，解決問題的唯一出路就是必須
超越現行法律和政府政策，而呼籲制定更為公
正合理和有利於消費者的新的法律和政府政
策，並期望在新的法律和政府政策的指導下，
實現自己的利益。顯然這是個案形式的經濟—
法律解決方式所無法解決的問題，也是單個消
費者個人能力所不及的，在這種情況下集體形
式的政治—法律解決方式就會成為滿足消費者
要求的主要形式了。

　　集體形式的政治—法律解決方式由於會導
致眾多社會成員的參與，因而易於形成明顯的
社會政治力量，這樣就有可能以適當的途徑和

方式來影響政府的立法和相關的政府政策，從
而徹底消除消費者利益受損的根本原因，並使
消費者以集團的面貌出現在與生產者─經營者
的利益衝突中，一定程度上扭轉消費者在生產
者─經營者面前的被動地位。從實踐上來看，
消費者在這種情況下也往往易於團結起來，結
合爲一個集體，採取集體政治行動，並積極利
用現行的政治制度和法律制度，來爭取和實現
自己的利益。

　　因此，從以上兩種解決方式的性質、特點、
功能上來看，消費者在有關自身利益訴求問題
上如果僅僅採取私人意義上的、個案形式的經
濟─法律解決方法的話，其行爲並不具有政治
意義，並不構成消費者政治學的適當課題，而
僅僅是一般性質的法律問題、經濟關係問題；
但如果消費者個人一旦試圖訴諸社會輿論和更
廣泛的人群、引發有關政府政策的辯論、並導
致組織或誘使既有的相關利益集團爲此採取某
種行動而意圖獲取政治利益（如成功地引導政
府制定了新的法律），也就是採取政治─法律方

式解決的話，那麼即使是單個消費者在最初的階段僅僅出於自身利益被侵害而引發的個別消費事件，發展到一定階段，其意義也會遠遠超出私人性質的消費者個人利益的范疇，而會在更廣大的範圍內獲得相當程度的社會回應，從而具有一定程度上的、普遍的社會政治意義。在這種情況下，起源於消費者個人利益受損的個別事件，由於已經產生了一定的社會支持和社會運動，實際上已經轉化為具有普遍性的社會共同的政治—法律問題了，這種轉化使消費者個人的利益受損問題具有了政治性質。這種情況、這種轉化，以及所產生的後果，顯然是消費者政治學的適當課題了。

當社會現有的法律制度框架中已經存在適當管道時，消費者個人顯然是不會、而且也沒有必要將利益受損問題轉化為社會政治問題。但是當社會現有的法律制度框架中並不存在既有管道、而且具有普遍的社會政治意義的個人利益受損情況出現時，消費者個人是否會主動地將其轉化為社會政治問題？從經驗的角度

看，消費者個人一般也不會進行這種轉化，原
因在於：在一般情況下，消費者作為理性的經
濟人，通常會從成本─收益比較的角度考慮問
題，消費者個人是不會僅僅因為某個問題可能
會具有普遍的社會政治意義，而願意無條件地
加大自己的成本投入來爭取社會政治問題的解
決的，因此，只要還存在著明顯的、可以「援
引慣例」的方式解決消費者個人利益受損問題
的管道；換言之，他(她)所遇到的問題不是一
個特定的生產者─經營者違反既有法律或無慣
例可援引的問題，即使他（她）所遇到的是一
個潛在的、具有重要的社會普遍意義的問題，
消費者個人一般也是很少有足夠的動力和刺激
將其轉化為社會政治問題的，而寧可尋求經濟
─法律的解決途徑。

　　顯然，這是出於消費者個人收益最大化的
考慮。這種考慮表現在：一方面對任何一個單
個的消費者個人來說，要將表面看來僅僅是私
人性的利益問題轉化為普遍的社會政治問題，
會面臨巨大的社會說服和動員工作，相應地必

然會增加消費者個人相當大的投入，這種投入
對消費者個人來說是一種「溢出」成本。在付
出了這些成本之後，消費者個人當然也可能得
到對其所受到侵害的利益的補償，但消費者個
人投入的精力和所花費的物質代價，可能與其
所得是非常不成比例的，因此任何一個理性的
消費者都會在這種非理性的社會行動之前望而
卻步；另一方面，在目前市場經濟社會所提供
的社會法律—政治制度框架中，不僅已經存在
著若干有關保護消費者利益的法律，而且這些
法律實際上也能夠發揮一定的保護作用，這也
為消費者個人在現有條件下，補償自己受損利
益的嘗試提供了比較方便的途徑。不過，從根
本上來說，國家制度和法律固然在一定程度上
保護了消費者的個人利益，但麻痹或阻礙消費
者個人去尋求更加公正合理的解決問題的途
徑，也是這些既存制度和法律的後果之一。因
此，消費者的理性限制了消費者採取政治、社
會的解決方式。

　　那麼對那些並非當事人的、但顯然也具有

相同利益關係的消費者來說，他（她）是否會
採取適當的形式去實際參與已經發動起來的、
與消費者有關的政治活動呢？比方說，他（她）
會積極地組織或參加消費者組織嗎？會為組織
的共同利益、同時也是為自身的利益而積極努
力嗎？或者換句話說，在微觀環境中，消費者
個人在消費者政治的過程中，將會處於什麼樣
的地位、發揮什麼樣的作用呢？

　　顯然這裏已經涉及到集體行動的問題了。
按照曼瑟爾·奧爾森（Mancur Olson）對集體
行動理論的研究，集團成員在集體行動中的行
為是與集團的性質緊密相連的。對消費者個人
來說，消費者利益集團的規模、結構性質等因
素將會決定他（她）的政治態度和行動能力。
那麼消費者利益集團是一種什麼樣性質的集團
呢？首先它顯然是利益集團的一種類型，是由
具有現實的或潛在的共同利益的成員共同組成
的利益共同體，在這個共同體中，有關共同利
益的意識成為連接人們的媒介和紐帶，因此必
然會具有相當的生命力；但另一方面，由於市

場經濟社會的消費性質又決定了這一利益集團
具有極大的擴充性和無限性：由於人人都在一
定意義上可能被當作是消費者，所以消費者群
體一般而言是成員眾多、包含廣泛的，因此消
費者利益集團往往具有大型化的傾向。而大型
集團，按照奧爾森的說法，因為成員數量太多，
以致任何個人的努力及其相應的收益都會被數
量眾多的集團成員的分享而淹沒，實際造成了
集團中任何一個成員都沒有足夠的動力和刺
激，集團中的每一個人都會寄希望於其他（她）
人的努力而試圖搭便車，從而使集團的活力愈
來愈低，集團的整體利益也愈來愈難以保障，
成員對集團的期望也愈來愈低，這樣集團成員
也就愈來愈不可能積極地實現集團利益[4]。毫
無疑問，消費者利益集團的大型集團性質必然
會使消費者個人的集體政治行動具有這一特
性。實際上，迄今為止消費者政治發展程度的
相對低下，也在一定程度上印證了奧爾森集體
行動困境的理論。

　　造成消費者利益集團集體行動困境的根本

原因在於：任何集體的政治行動都依賴於政治
積極人物的策劃、說服、發動和領導，不言而
喻，政治積極人物的作用是非常重要的，這些
人必須爲所從事的事業投入大量的時間、精力
和金錢，但政治積極人物從中能夠得到些什麼
呢？對消費者利益集團來說，固然也會有一批
以從事政治活動爲事業目標的人，因此，對這
些人而言，只要他們能夠成功地進行消費者政
治活動就會得到他們所期望得到的收益，但消
費者利益集團之所以存在，首先不是因爲有了
這樣一批職業的、或準職業的政治家，而是因
爲存在著大量的消費者個人利益被侵害的事
實，因此在集團中，可望成爲政治積極人物的
人可能是普通的消費者，而不是這些政治家，
因此對這些普通的消費者來說，假如他們也像
那些政治家一樣，積極地投入政治行動，那麼，
一般說來，他們所預期獲得的絕對不是政治上
的滿足，而會更關注於自己消費利益受到的侵
害之能否得到補償，也就是說當他們決定投入
消費者政治行動的時候，他們會預期他們將從

中得到多少關於自身利益的回報，顯然，這些
更大多數人的目標模式將會決定消費者政治行
動的現實程度。

　　但實際情況是怎樣的呢？對消費者個人來
說，潛在的個人利益相對於潛在的群體利益是
極其渺小的、甚至是微不足道的，如果要透過
自己積極的政治行動來實現這些利益的話，那
麼他們將要付出比那些不是政治積極人物的、
但同樣具有相同的利益訴求的人要多得多的代
價，而且這種代價一旦付出就只能在實現群體
利益的過程中才能得到補償，在這種情況下，
顯然搭便車是更加理性的選擇；而且，從操作
的層面來說，由於微小的個人利益的實現基本
上只是一個個人行為問題，因此純粹個人利益
的實現難度一般會相對低於那只有透過集體行
動才能夠實現的群體利益。所以對消費者個人
來說，從機會成本的角度來看，個人潛在的、
相對微小的利益儘管只能透過集體政治行動的
途徑和方式加以實現，但沒有什麼人會願意為
些付出過於巨大的代價，他們並不願意僅僅為

了實現自己的、相對較小的個人利益而去充當
注定要付出巨大代價的消費者政治過程中的政
治積極人物。

　　那麼，消費者個人是否願意以普通的政治
行動的參與者的身份去參與、支持已經發動起
來、並具有一定規模的消費者政治運動呢？按
照奧爾森的理論，有兩種情況消費者個人是有
可能參與集體政治運動的，第一，只要不讓消
費者個人為此付出過於巨大的代價，也就是當
他們的付出小於他們預期從消費者政治行動中
所獲得的補償的時候，他們是會以適當的方式
參與到集體行動中去，譬如，參加簽名、示威、
集會等。

　　第二，消費者利益集團為了動員更多的消
費者參與集體行動，集團必須提供某種激勵機
制，如排斥性的受益機會，即消除搭便車現象
等，這些集團制度的建立可以有效地刺激消費
者個人參加集體行動的願望和動力。實際上，
對人類社會政治行動的考察，可以發現，任何
成功的政治行動，如革命、選舉、立法等等，

都不會僅僅依賴於所有相關成員的政治積極
性，而是必然地存在著某種形式的政治激勵機
會，否則，任何有意義的社會政治運動都只會
僅僅停留在理論和思想的層面，而不會成爲現
實的社會政治運動。對消費者政治而言，也存
在著諸多的限制因素，但像任何其它有意義的
社會政治運動一樣，只要能夠吸引、發動盡可
能多的相關成員參與到運動中去，消費者政治
就一定會發展和壯大起來。從這個意義上來說，
消費者政治更爲重要、關鍵的問題是人們將會
採取什麼樣的形式、建立什麼樣的制度和機制
去解決所面臨的問題。這個問題一旦解決，消
費者政治就會發揮強大的社會政治影響力。

注　釋

[1]參見：彭華明：《消費社會學》，天津：南開大學
　　出版社，1996 年版，第 21—22 頁。

[2]參見：〔英〕奇遜(G. M. Hodgson)：《現代制度主義
　　經濟學宣言》，向以斌等譯，北京：北京大學出版
　　社，1993 年版，第 212—213 頁。

[3]參見：羅伯特・A・達爾（Robert A. Dahl）：《現代
　　政治分析》（*Modern Political Analysis*），王滬寧、
　　陳峰譯，上海：上海譯文出版社，1987 年版，第
　　129—167 頁。

[4]參見：曼瑟爾・奧爾森（Mancur Olson）：《集體行
　　為的邏輯》（*The Logic of Collective Action : Public
　　Goods and the Theory of Groups*），陳郁等譯，上海：
　　上海人民出版社，1996 年版，第 1、2、5、6 章。

第三章
消費者的政治功能

一、利益表達功能

利益表達通常被認爲是政治過程的開始，在這個過程中，被特定的人或集團所表達的利益要求有可能「成功地轉化爲權威性政策」[1]。如果一項被表達的利益要求轉化爲政府政策，那麼也就意味著個人或集團的利益要求已經進入政治領域，被政治體系中的成員——政府官員、政黨領袖，以及也可能是他們自己——透過政治方式，「加工、製作」成了政府政策，而普通個人或集團的利益要求一旦被轉化爲政府政

策，儘管不一定說明這些個人和集團在政治上的成功，但可以肯定的是他們已經實現了自己的利益要求。可見，利益表達無論對個人還是集團來說，由於能夠以政治運作的方式——也就是在不增加社會生產的前提下，透過調整政治架構，而為他們帶來所要求的利益，因此利益表達對特定的個人或集團來說不僅是政治過程的開始，而且也是政治的目的所在。

　　利益表達不僅對具體的相關利益人具有直接的意義，而且對整個政治體系的存在和運行也具有重要的意義。按照經典的說法，政治無非是有關社會價值資源的權威性分配[2]。因此，對一個正常、有秩序的政治共同體來說，如何有秩序地、合理地、近於公正地分配社會資源，實際攸關共同體的生死存亡。然而社會生活的複雜性又決定了這種分配必定是極其複雜、極其困難的。在非極權政治環境中，僅僅依靠作為資源分配權威者的政府的「善良意志」是無法獲致合理、公正的分配結果的：因為在僅僅依賴政府或政府支配的情況下，由於訊息的不

可窮盡性和特權階級的作用,政府在比較善良的情況下是無法知曉,而在其它情況下甚至是有意識地忽略某些社會成員的利益要求的。而對特定社會成員來說,一方面如果不能夠達到表達自己的利益要求的目的,就無法使自己的利益要求進入到政府決策的訊息範圍之內,另一方面這種表達如果不能夠達到某種強度,那麼也就有可能被特權階級更為強大的要求所掩蓋和忽略。因此,對那些利益要求注定容易被忽略或被犧牲的社會成員來說,政治體系如果不能夠迫使他們接受既成事實,他們顯然會尋求解決問題的其它途徑,如此一來,政治體系的不穩定也就在所難免了。因此,利益表達的重要性,其意義絕不僅僅在於社會政治生活的合理、公正等價值目標,它同時也對政治共同體產生興衰安危的功利作用。

那麼,利益表達為什麼會具有如此重要的意義呢?這是由於利益的性質和社會生活中利益衝突的必然無法避免所造成的。

利益,或者說關於人們生存的需要在複雜

的社會環境中是否能夠被滿足，一直是政治學
關注的重要問題。從利益的性質來看，一般認
爲；利益實際反映了人的根本需要，人的需要
的重要性，因而也就是利益的重要性被某些學
者那裏極力強調，比如馬克思和恩格斯就認爲：
「一切人類生存的第一個前提也就是一切歷史
的第一個前提，這個前提就是：人們爲了能夠
『創造歷史』，必須能夠生活。但是爲了生活，
首先就需要衣、食、住以及其他東西。」[3]源
於基本生活需求的需要構成了人的存在的本
質：「他們的需要即他們的本性。」[4]因此，人
的需求構成了人的本性，而人的本性的表現和
維護就構成了現實社會中人的基本利益要求，
即：利益是基於一定社會基礎之上的獲得了相
應社會內容和特性的本質需要[5]。

　　從利益衝突的角度來看，由於社會是由具
有不同利益要求的個人、集團等等利益主體組
成的，這就決定了他們對利益的追求是不同的，
在諸種不同的利益追求中，各個利益主體之間
發生衝突、產生矛盾是無法避免的，甚至在一

定的意義上看，儘管存在著各個不同的利益主
體間利益的共同性，但社會政治生活的本質實
際是不同利益主體間的利益矛盾和衝突，如果
不是這樣的話，人類政治生活的本質是無法得
到理解的。

同樣地，利益之於消費者個人或利益集團
的重要性，或者是消費者個人或利益集團所面
臨的與其他利益主體間的利益矛盾，情況也是
一樣。消費者無論是作為個人還是利益集團，
都有既與其他社會成員相區別、同時也與自己
的其它社會身份相區別的特定的、重要的利益
的。作為政治學視野中的消費者，消費者的利
益首先是與生產者─經營者的利益相區別的。
在由各種各樣的利益關係交織的現實社會利益
網絡中，在市場經濟社會的條件下，消費者與
生產者─經營者的利益關係本質上是一種對
立、矛盾的關係：儘管生產者─經營者透過所
提供的商品滿足了消費者的消費需求，但生產
者─經營者之所以有動力從事商品提供活動，
根本的原因在於其試圖獲取可能的經營利益，

而在無約束的條件下，生產者—經營者會把這種經營利潤極大化到壟斷利潤的程度，因此在整個追求利潤的過程中，對生產者—經營者來說，與其說生產和經營是爲了滿足消費者的需求，倒不如說消費者在生產者—經營者看來，是他們獲得經營利潤的實現條件；同樣地，對消費者來說，儘管生產者—經營者獲得合理的利益是保證自己消費得以實現的根本前提，但在相當長時間裏存在著的生產者主權、商品經營過程中的假冒僞劣以及壟斷利潤，都加深了消費者對生產者—經營者利益的非正當性、非法性的認識，因此，從消費者的角度來說，如何盡可能多地限制生產者—經營者的經營利潤是消費者最主要的利益追求。消費者與生產者—經營者的利益矛盾是本質性的。

既然消費者與生產者—經營者的利益矛盾是本質性的，因此作爲生產者—經營者相對者的消費者的利益表達就是必要的了。消費者利益的表達是透過消費者意識的產生和消費者利益集團的出現而得到實現的。消費者在消費者

意識的基礎上，依靠消費者利益集團的力量，
借助現有的政治制度設施，透過與政府官員、
政黨領袖的接觸、委託政治代理人、影響和控
制大眾傳媒、在政治選舉中施加特定影響、示
威、甚至採取抵制消費等強制性手段，使自己
的意見得到表達。消費者在進行這些活動的同
時，一方面有效地表達了自己的利益要求，並
有可能使之進入到政府政策中去，另一方面這
些活動本身就是典型的政治行為。顯然這兩方
面都使消費者的利益表達在社會政治生活中具
有了重要的政治功能。

二、社會政治的潛在資源

　　在政治生活中，政治資源的開發和利用一
直是政治得以延續和發展的決定性因素，也是
不同政治制度存在的基礎。實際上，從人類社
會的經驗角度來看，一定形式的政治社會和政
治制度是與相應的政治資源的存在相聯繫的，

而一旦某種新的政治資源的被開發和利用，也
在一定的程度上預示了新的政治社會將從此產
生。因此，在政治資源與政治社會之間存在著
明顯的關係。

　　政治資源是政治行為主體藉以影響其他主
體行為的手段，在社會政治生活中，人們可以
利用政治資源去追求和取得預期的政治目標。
對具體的社會成員來說，金錢、時間、社會地
位、聲望、職業、收入、知識、訊息、立法權、
投票權、對大眾傳媒的影響和控制、對軍隊和
警察力量的控制等等都是一定形式的政治資源
[6]。政治行為主體正是在調動、利用和組合這
些資源的基礎上，才實現了具體的政治目標。

　　一般來說，以上類型的政治資源可以分為
兩類：一類是大部分形式的政治社會中所共有
的，只要存在政治社會，就會存在這些類型的
政治資源，比如金錢、時間、聲望、知識、職
業等，這些類型的政治資源一般不會隨著政治
社會的變化而變化，在政治資源與政治社會的
形式之間不存在明顯的相關關係；另一類政治

資源則與政治社會的形式有著比較密切的關
係：特定類型的政治資源是某些形式的政治社
會的特有現象，而正是因爲這些政治資源的存
在，才爲特定形式的政治社會注入了新的政治
因素，政治社會的活力也因些得到了增強，比
方說，只有在代議民主制中，投票權才成爲社
會政治中政治合法性的根本來源，只有在自由
政體中，一般社會成員對大眾傳媒的影響和控
制才可能成爲新的政治資源，因此，在這些社
會裏，政治資源的類型和政治社會的形式之間
存在比較明顯的關係。

　　政治資源成爲社會政治的基礎和源泉，也
與社會成員對政治資源的掌握和控制有關。這
種關係表現在兩個方面：一方面，對特定的社
會成員來說，他們是有可能在不同形式的政治
社會中都掌握和控制相同類型的政治資源，例
如一般意義上的政治菁英，他們在大部分社會
中都掌握和控制了大部分的政治資源；另一方
面，對特定的政治社會來說，不同的社會成員
對政治資源的占有可能會是不一樣的，例如任

何社會中的政治菁英和大眾顯然是不會掌握同樣的政治資源的。因此,這兩方面的原因決定了無論是對特定的政治社會,還是對特定的政治資源來說,某種特定類型的政治資源在有些情況下可能是潛在的;換言之,它不是還沒有產生出來,就是不能夠被某些特定的社會成員所利用。從這個意義上說,迄今為止的大部分類型的政治資源都是傳統型的,都是既存於現在的政治制度中,顯然這也就決定了現有政治社會的政治延續和發展。

但是隨著市場經濟社會的發展,以人的消費為中心的經濟活動愈來愈重要,消費者成為新的社會成員,消費者的消費利益成為能夠影響和調整社會成員利益關係的重要因素,消費者已經具備了獨立的政治上的重要性,因此消費者以及以消費者為中心的組織、運動是完全能夠成為市場經濟社會條件下的新的政治資源的。對消費者這種潛在政治資源的開發,將會賦予現代政治社會以新的活力。正像對公民權的倡導,導致了現代民主政治制度的發展一樣,

對消費者政治資源的開發，也將極大地改變現代政治社會的政治面貌，完善政府的社會的關係，調整不同社會成員間的利益架構，進一步合理化政府的政策，從而構造一個更公正、更合理，不同社會成員更能夠和諧相處的社會。

此外，對消費者政治資源的開發，還將有助於新的政治權威、政治運動和政策目標的產生和更新，從而產生改良政治游戲規則、豐富社會政治生活內容的作用。首先，在人類社會生活中，政治權威的產生一般總是與暴力、金錢和選票有關的，民間政治運動儘管也能產生新的政治運動，但由於一般範疇內的民間政治運動總是會限制在一個較小的範圍內，因此，無形中也就限制了這類政治權威的範圍，而消費者卻能夠提供足夠廣大的權威空間，因此是能夠在傳統形式的政治權威之外，創造出足以與傳統權威相匹敵的政治權威的；其次，對消費者政治資源的開發可能引發政治運動的更新。以往政治運動的發動，儘管可能根本根源於人們的經濟利益，但運動的發動卻往往寄託

於意識形態的灌輸或社會基本政治經濟結構的
崩潰，因此運動或者總是侷限於少數特定政治
階層的內部、或者常常帶來較高的社會成本，
而消費者政治資源一旦被開發出來，就會在消
費者個人利益與政治運動之間建立明顯的聯
繫，因而可以極大地擴大運動的社會參與面和
社會基礎，因而可以在相當程度上改變社會政
治運動的游戲規則；第三，消費者政治資源的
開發也可能導致新的政策目標的產生。消費者
問題將會由於消費者政治資源的開發而成爲新
的政策源泉，從而區別於一般政治社會中的政
策源泉，如社會階級、勞資關係、民族意識等，
具有獨特的作用和意義。以往，政府政策的目
標儘管不能說是全然沒有顧及到消費者的利益
問題，但政府政策的主要目標顯然不是消費者
利益的保護，也不是消費者與生產者——經營
者關係的調整。這種對社會成員廣大多數的消
費者的忽視，顯然會影響社會政治生活的完善，
而消費者的政治資源一旦被開發出來，消費者
就會提出一系列有關消費者問題的政策目標，

這樣就會產生完善政策目標體系的作用，顯然這是有助於社會政治體系的健康和和諧的。

三、牽制和平衡功能

這是所謂的牽制是指對社會特權階級的牽制，平衡是指對政府權力的擴張和社會特權階級優勢地位的平衡。消費者在社會政治生活之中之所以能夠發揮這種作用，是由政治社會的現實決定的。

在社會政治生活中，任何社會成員、包括政府，都是需要加以制約和平衡的。對具有重要意義的政治權力來說，儘管人們早已明白不論由什麼人來掌握和行使它，如果不對掌握和行使權力的人加以限制和平衡，那麼權力將一定會被濫用，從而為社會帶來重大的損害，但實際上，對政治權力的牽制和平衡卻常常因為缺乏適當的途徑和勢均力敵的勢力而無法實現。

　　對政治權力必須進行牽制和平衡更重要的
理由在於：如果不對政治權力進行牽制和平衡，
那麼政治權力的膨脹和濫用將會直接損害社會
普通成員的利益，這在市場經濟社會主要是消
費者的利益。這表現在：首先，從社會對政府
權力牽制的角度看，儘管在政治實踐中人們早
就注意到了必須限制政府權力，並因此設計了
諸如權力分立的政治制度，試圖透過把統一的
政府權力加以分割的方式而產生限制任何部分
的政府機構所掌握的權力的目的。顯然，權力
分立的制度對防止政府極權的實現、防止政府
對社會的侵害、以及政府權力在道德上的正當
性等等都發揮了重要的作用，但是僅僅依靠政
府機構的分立及其相互之間的權力制衡，對於
防止政府權力的擴張、濫用和保護社會普通成
員的利益來說是不夠的，實際上，即使是在民
主制度最為完善的國家，政府權力的擴張、機
構的膨脹、政治的腐敗等現象也是無法消除和
避免的。因此，僅僅只有政府機構內部權力的
分立和制衡對防止政府權力的失當是不夠的，

而必須從政府機構之外引入社會力量來形成強制性的對政府權力的牽制，才有可能在巨大的政府權力和社會監控之間建立起碼的平衡。實際上，僅僅憑藉選舉，是很難發揮經常、具體、長期的牽制和監控作用的，甚至在很大程度上它已經演變成了儀式性的工具。因此，現有政治制度在對政府權力的社會牽制和平衡方面，將會是無能爲力的，因爲除了選民能夠具有如此眾多的人數和潛在的政治力量之外，在現有政治結構的框架中是無法找到第二種具有相當規模和力量的社會勢力了。顯然，在這種現實面前，消費者能夠成爲具有甚至比選民還要強有力的、牽制和平衡政治權力的社會成員。

其次，從政府政策制定和運作的角度看，政府政策之所以有意義，乃是因爲它決定了社會成員之間利益分配和調整的格局。就政府政策而言，政府是從來不會、也無法向社會成員提供免費的午餐的，政府政策對某些社會成員之所以是「免費」的，只不過因爲這部分社會成員全部或部分地無償占有了另外一些社會成

員的利益罷了。因此，在這個過程中，政府政策試圖讓那些社會成員獲益、讓那些社會成員付出代價，對特定的社會成員來說，就是利益攸關的了。那麼政府政策又是要根據什麼來決定讓誰獲益、讓誰付費呢？這就與不同的社會成員在社會政治結構中的地位、力量和作用有關了。相對於社會普通成員，社會特權階級總是有更多的資源來影響政府政策的制定，總是有更多的手段誘使政府接受自己的意圖，也總是會有更多的條件來達成與某些政府官員的利益交換的，因此，一般而言，政府政策總是有利於社會特權階級，而往往會犧牲社會普通成員的利益的。在市場經濟社會，相對於生產者──經營者而言，消費者毫無疑問是容易被政府政策所犧牲的社會成員，因為他們儘管人數眾多，但每個人的利益卻有可能是微小的，而且，一般來講，他們所能夠動用的社會資源也是比較少的，因此，生產者──經營者往往利用消費者的單個人利益不明顯、集體行動能力薄弱，而消費者所形成的整體又總是會成為生產者──

經營者巨大潛在利益源泉的特點，在制定政府
政策的社會政治競爭中，輕而易舉地擊敗消費
者，從而為自己爭取盡可能多的政府政策的優
惠。這種情況在發展中國家尤為明顯。

　　第三、從政治腐敗的角度來看，消費者既
是政治腐敗的犧牲品，又是有效制約政治腐敗
的社會力量。從政治腐敗的性質上看，一方面，
缺乏監督的權力必然導致腐敗，因此在社會政
治生活中腐敗有長期存在和發展的趨勢，另一
方面，更為重要的是，由於政治腐敗總是以社
會普通成員的利益作為交換的籌碼的，因此，
政治腐敗的嚴重性首先倒不在於其對政府形象
和公共道德的污損，而在於它是以犧牲社會普
通成員的利益來獲取社會特權階級和政府官員
私人的非法利益，形成政府行為而實現的、以
政府政策為表現形式的新的社會不公正，因而
對社會政治的穩定產生威脅。在這一過程中，
利益受損的社會成員首當其衝的就是社會普通
成員，而在市場經濟社會，又主要是消費者。

　　消費者成為政治腐敗的主要受害者主要是

由兩個原因造成的：其一是與市場經濟社會這一事實相聯繫的。正是由於市場經濟社會明確劃分了社會生活的政治和經濟領域，明確規定了所有權，建立了利益分配和轉移的法治化規則，政治權力對社會財富的掠奪才被迫被納入了交換的軌道，權錢交換、權物交換才成為政治權力獲取非法的社會財富的一般規則，政治腐敗才有了產生和發展的基礎；而在非市場經濟社會，由於政治權力對社會財富的支配是絕對的，所有權基本上是不受到保護的，因此在政治權力與社會財富之間一般是不存在表面平等的交換關係的，不存在基於財產所有權保護基礎上的現代社會意義上的政治腐敗，而只會存在對社會財富的赤裸裸的占有和剝奪。顯然，在市場經濟社會中，政府官員是透過對政府權力的出租和濫用得到私人的收益的，而有可能向政府官員支付費用的實際上只能是擁有巨大財富的社會成員，即主要是生產者─經營者。因為從總體來看，只有他們才是相對大量財富的擁有者，只有他們才有可能透過金錢和實物

去交換政府官員的政府權力。不言而喻，生產
者—經營者在政治腐敗的環境中所被迫支付的
超額費用，其目的是爲了換取更大的利益，因
此這些費用必須被回收，否則生產者—經營者
的一切活動將會失去意義，而如果試圖回收的
話，由生產者—經營者所被迫支付的這筆超額
費用就只能轉嫁到消費者的頭上。實際上，大
量的政治腐敗案例大多發生在政府官員與生產
者—經營者及其集團之間的事實說明，消費者
總是成爲政治腐敗的最終受害者，顯然這種情
況的出現絕對不是偶然的，而是根源於在社會
生產力水平得到相當程度解放的情況下，政治
權力對社會財富的侵蝕。

　　其二是由政府對經濟的干預造成的。儘管
市場經濟社會已經在政府領域和市場領域之間
劃分了明確的界限，但仍然存在著的市場失靈，
而政府對某些行業、產業的傳統管制依然爲政
府對經濟生活的干預留下了足夠的空間。在市
場失靈的領域，政府會直接介入經濟生活，政
府會透過制定政策、決定價格、限制產量等方

式，建立對生產者—經營者直接的關係；在某
些還是由政府管制的領域，生產者—經營者與
政府的關係更是直接：生產者—經營者必須仰
賴政府政策的支持，或者透過政府政策的許可，
以得到經營權，或者透過政府政策以制定更為
有利的價格、採取某些有利於己的政策等。這
些現象的存在決定了政府對經濟生活干預的不
可避免性，這種不可避免性又決定了發生在政
府官員和主要是生產者—經營者之間的政治腐
敗也必然是不可避免的：政府官員的政治腐敗
一般是透過尋租或在正常的公務行為中索取賄
賂等方式實現的，而為此付出的額外成本最終
必然會轉移到生產和經營活動的最終承擔者—
—消費者身上。

　　實際上，政治腐敗之所以會發生，對政府
官員來說，是為了獲得非法的私人利益，而對
那些意圖獲得政府政策的格外照顧而對政府員
進行賄賂的人來說，其之所以要賄賂政府官員
唯一的目的就是試圖透過政府行為來獲取更高
額的利潤，而這種高額利潤是生產者—經營者

透過正常的管道和方式所無法獲得的，或即使能夠獲得，但需付出更加高昂的成本，因此賄賂政府官員來獲得政府政策的照顧和優惠，將會使特定的生產者—經營者獲得相對於其他生產者—經營者的獨特利益，而在些過程中所付出的費用一旦轉嫁到消費者身上，政府官員透過生產者—經營者也就最終實現了對消費者利益的侵害：發生於政治腐敗過程中的費用實際上是取自社會普通成員——主要是消費者，而又被轉用來犧牲他們的利益了。

　　第四，對各個不同的社會成員集團之間的平衡來說，消費者既是目前社會政治體系中的弱勢集團，同時也能夠成為重要的平衡力量。社會政治體系中的力量平衡，尤其是社會強勢集團與社會弱勢集團間的力量平衡，是一個正常、健康社會所必不可少的因素，也是人們一直在努力追求的價值，畢竟一種消除嚴重的不平等、不合理，而實現了更為平衡、公正、更富有道德正當性的社會政治生活，是更加符合人類的尊嚴的。然而，社會強勢集團之所以成

為強勢集團，乃在於他們已經掌握和支配了遠遠超出於社會普通水平的社會資源，並且他們還繼續將這些資源用來攫取更多的社會資源，以進一步壯大自己的社會力量。因而如果僅僅依賴社會集團間的自然競爭，不僅無法改變業已存在的社會集團間的不平等，而且反而會繼續擴大這種不平等，社會普通成員也就無法取得相互平衡的地位和利益。

因此，要想改變這種狀況，就必須改變社會強勢集團在對社會資源分配和調整過程中所具有的優勢地位，並透過這種優勢地位的削弱，進一步地實現社會利益分配狀況的平衡。因此，從建立一個合理、平衡社會的角度看，就必須產生出能夠在力量對比上與社會強勢集團相抗衡、為數眾多、同時本身也無法成為新的社會強勢集團的新的社會集團，這些眾多的、新的社會集團體系的出現和競爭，會形成社會集團之間相對均衡的力量對比格局，並最終達到利益分配的平衡。具備這些條件的社會集團，在現有的社會政治結構中顯然是多的。而如果把

消費者納入到建立平衡的社會政治體系的框架
中，就可以發現；首先，由於人人在一定的意
義上都是消費者，所以，消費者這種社會成員
不僅具有最廣泛的來源，而且天然地具有相互
平衡的牽制的性質，正如奧爾森所說：由於「多
數壓力集團是弱小的、分散的，在那種環境中
他們不會向社會索取太多，因爲他們的成員也
可能是其他不同利益集團的成員，因而也會反
對過度的需求。」[7]因此，有助於不同的消費
者集團之間，進而不同的社會集團之間的理性
相處；其次，由於人們消費內容的多樣性，消
費者集團實際上總是被劃分成無限多的次級集
團的，因而不同的消費者集團之間會形成相當
有效的制約，這樣就可以起到避免消費者集團
成爲新的社會強勢集團的作用，而不會形成新
一輪的社會政治集團力量不平衡的循環。可見
消費者及其集團在社會政治生活中占有一定的
位置，是有助於改變社會集團體系不平衡的狀
況的。

注　釋

[1]參見加布里埃爾·阿爾蒙德（Gaberiel A. Almond）、
賓厄拇·鮑威爾(G. Bingham Powell, Jr.)：《比較政
治學：體系、過程和政策》*(Comparative Politics:
System, Process, and Policy)*，上海：上海譯文出版
社，1987 年版，第 190 頁。

[2]《馬克思恩格斯選集》第 1 卷，北京：人民出版
社，1972 年版，第 32 頁。

[3]《馬克思恩格斯全集》第 42 卷，北京：人民出版
社，第 129 頁。

[4]《馬克思恩格斯全集》第 3 卷，北京：人民出版
社，第 514 頁。

[5]關於「利益」的定義可參閱《布萊克維爾政治學
百科全書》中的相關條目。《布萊克維爾政治學百
科全書》，第 363－364 頁。

[6]參見《中國大百科全書·政治學》，北京·上海：
中國大百科全書出版社，1992 年版，第 516 頁。

[7](美)曼瑟爾·奧爾森：《集體行動的邏輯》，第 148
頁。

第四章
消費者政治的表現形式

一、消費者政治的意識基礎
——消費者意識

(一)消費者意識在消費者政治中的地位和作用

　　研究現代化的著名學者杭廷頓曾經說過：「現代化意味著所有集團——新的和舊的、傳統的和現代的——在它們與其它組織發生關係時都意識到自身是作爲組織存在的，意識到各自的利益和要求。」「現代化最驚人的現象之一，就是它能夠在許多社會勢力中間引起日益增長的

意識、內聚力、組織和行動，而這些社會勢力
在傳統社會裏只是些相當低級的意識原生體或
組織。」[1]正如現代化為各個不同的社會集團
注入了集團意識一樣，市場經濟的發展造成了
消費者意識的重大發展，而消費者意識的發展
又促進了消費者政治的展開。

　　消費者意識是消費者在市場經濟環境中所
產生的關於自身消費利益和權利的自我意識，
消費者意識的產生往往與個人的具體經驗有
關，但個人的意識發展到一定程度之後，往往
會綜合、上升為群體的消費者意識，這種群體
意識既包容、反映了個別消費者的利益和權利
要求，又不僅僅是消費者單個具體要求的結合；
消費者意識往往會反過來形成政治行動，政治
行動不僅進一步提高了原有的消費者意識，而
且還會促進愈來愈多的消費者產生消費者意
識，從而最終擴大消費者政治運動。

　　消費者意識之所以如此重要其原因在於：
現代社會政治運動的發生、展開都是與社會政
治集團的建立和功能的發揮緊緊聯繫在一起

的，而社會政治集團的形成和穩固又是與集團意識密切相連的，特定的集團政治意識是社會政治集團得以存在和發揮作用的基礎。

首先，儘管任何一種社會政治集團的形成、存在，所需要具備的條件是複雜多樣的，但首要的前提是所有集團成員都必須具有某種能夠把自己和集團連接起來的、關於共同利益和權利的意識，如果沒有這種共同的、關於利益和權利的意識，而僅僅具有對於個人的利益和權利的概念和要求，那麼集團成員就無法認同集團目標、無法凝聚在一起，當然也就無法形成集團力量，而只能單純地致力於以採取個人行動的方式去實現個人目標，這樣一來，社會政治集團就不可能形成，或者即使最終形成了，其基礎也不會穩固，結果社會政治運動不僅無法長久存在和具有相應的實力，而且集團成員個人的利益和權利要求也無法得到有力的保障。因此，共同的利益和權利意識對社會集團的形成和穩固有著至關重要的意義。

其次，基於共同的利益和權利要求的集團

意識還在直接的意義上引發、導致一系列相應的政治後果，形成社會成員的政治行動。由特定的社會政治集團的特定政治意識而導致自覺的社會政治行動的情況，在現代化過程和社會發生急遽變化時期表現得尤其明顯。顯然，集團的共同意識一旦建立，集團的政治行動能力會相應地得到激發和提高。可見，消費者意識對消費者政治來說是有著內在的必要性的。

　　不僅如此，消費者意識的產生和發展本身就是消費者政治的體現，是消費者與生產者—經營者關係發展的產物。

　　這樣說的理由在於：消費者意識是在市場經濟的過程中逐漸產生和發展起來的。由於消費者是整個社會再生產的最終承擔者，因此每個消費者的消費利益和權利都是與社會再生產過程中的其他主體發生一定聯繫的，從這個角度來看，消費者的利益和權利意識的產生是社會再生產關係的必然產物。但另一方面，在市場經濟的早期階段，由於賣方市場一統天下，形成了少量特定生產者—經營者對商品的壟

斷，造成了消費者的弱勢地位，在這種情況下，
消費者對自己利益和權利的意識是非常模糊
的；他們既沒有意識到自己在社會再生產過程
中的最終地位決定了生產者─經營者對自己的
依賴，也沒意識到自己的利益和權利要求是與
生產者─經營者的利益和權利要求相對立、相
衝突的。後來，隨著市場商品無限豐富、市場
關係進一步複雜，消費者相對於生產者─經營
者的地位得到了一定的提高：實現了對商品和
勞務的選擇自由，並有可能擺脫和消除特定生
產者─經營者所施加的具體的消費控制。消費
者地位的提高使原先處於潛在狀態的、消費者
自己利益和權利的意識逐漸顯性化，個別消費
者的消費者意識開始呈現。由此可見，消費者
意識在發生學的意義上是與消費者在社會再生
產過程中地位的提高相聯繫的，而消費者地位
的提高同時意味了生產者─經營者地位的衰
落，這種相對地位的變化暗示了雙方相互衝突
的社會政治關係的性質。

　　其次，從個別消費者產生消費者意識到消

費者意識成為消費者群體的共同意識，也包含
了豐富的社會政治內容。當個別消費者的消費
者意識顯性化以後，生產者—經營者對市場的
絕對控制地位還沒有根本地改變，普通消費者
在實力、經驗和組織化程度方面仍然相差很遠，
兩者之間無法進行平等的對話，顯然不平等是
有利於生產者—經營者一方的，這種狀況使每
個消費者充分認識到，以個別消費者的力量對
抗生產者—經營者，保護自身利益，在生產者
—經營者控制的消費環境中、在生產者—經營
者主權的情況下幾乎是不可能的[2]，消費者保
護自身利益的出路只能是改變弱勢地位。而絕
對處於弱勢地位的消費者個人只有結合群體，
形成消費者個人之間的聯合，以消費者利益集
團的力量來實現個人利益和權利要求，才有可
能與實際上早已形成的生產者—經營者集團相
抗衡，才能有效地保護自己，個人性質的消費
者意識在實際的消費者與生產者—經營者關係
的演進中終於發展成為集團的共同意識，並具
有了明確的政治意義，至此消費者意識才獲得

完整的表現形式，消費者意識才具有了明確的
政治意義。

　　由此可見，消費者意識的建立本身上是對
生產者——經營者控制、壟斷局面的回應，是
對生產者—經營者主權的消費環境的抗拒，具
有明顯的利益對抗性質，顯然這是在意識層面
上發生的消費者對抗生產者—經營者的政治鬥
爭。

　　消費者意識的政治性質不僅在於它在本質
上意味了消費者與生產者—經營者關係的對抗
性質，而且還意味著一系列的政治後果。首先，
消費者意識一旦形成之後，就會以特有的方式
迅速擴大影響，壯大消費者的隊伍，從而扮演
消費者政治中的重要角色。對於那些有著明確
利益和權利要求的消費者個人來說，他們能夠
在消費者意識的指導下，自覺、有效地把的原
本屬於個人性質的、純粹經濟利益考慮的個人
利益和權利要求，直接訴諸於消費者利益集團
所可能採取的集體政治行動，而不再僅僅指望
於消費者個人的私人經濟—法律行動，這樣消

費者政治就有了實際的、具體的內容。對那些
尚處於蒙昧狀態的、還沒有形成明確的消費者
意識的消費者個人來說，社會已然存在的消費
者意識不僅成爲引導、啓發他們保護自身利益
和權利的嚮導，而且還能夠消除他們在消費衝
突中的孤獨感，建立他們對消費者意識和消費
者利益集團的認同，這樣就大大擴大了消費者
政治的影響力，增加了消費者政治的實力。因
此，消費者意識對消費者政治的擴展作用是累
積的，其所產生的政治後果是巨大的。

　　其次，消費者意識的形成和傳播還體現了
一種新型的政治價值觀，體現了社會成員獨立
於政府之外的政治主動意識，這不僅有助於彌
補現代社會政治過程中政府政治的侷限和失
靈，還會促進政治民主的發展。現代市場經濟
國家一般都實行比較民主、自由的政府制度，
這種制度爲公民權利和政治民主的實現提供了
充分的可能，但各國的實踐證明這種制度在消
費者保護方面是失敗的，各國政府在消費者保
護方面基本上是無能爲力和無所作用的。從表

面上來看，政府在消費領域現所實行的一系列經濟—法律制度，似乎爲消費者提供了足夠的解決問題的途徑，使任何消費者個人所面臨的利益和權利問題都完全可以得到解決，但實際上僅僅依靠現有的管道，大量的消費者問題是根本無法得到解決的；不是由於消費者個人在生產者—經營者有組織的強大力量面前，因爲力量對比和資源占有的巨大差距而無法形成有效的利益和權利要求，從而使問題自動消失：就是儘管存在著現實的解決途徑，但消費者個人因爲難以承受高昂的時間、心理以及其它資源的代價，而無法實際真正利用這些管道來解決問題。因此，消費領域中一方面存在著大量的生產者—經營者對眾多的消費者進行普遍利益侵害的事實；另一方面又很少有消費者去努力維護和爭取自身的利益、權利，並爲些目的有效地進行與生產者—經營者的對抗。

這種狀況說明對消費者保護問題來說，現代政府制度是難以提供有效的解決途徑的，解決消費者利益和權利保護問題必須另闢蹊徑。

但是由於消費者個人所可能採取的任何個人行動難以承擔保護消費者的重任，因此唯一的途徑是消費者、消費者利益集團所發動和參與的消費者政治運動，而消費者政治運動的首要前提是消費者必須形成共同的集團意識。這樣消費者意識的存在就獲得了超越其具體目標的、重要的價值：既然現代政府制度無法滿足消費者的利益和權利要求，消費者也就不得不依靠自身的力量來爭取這些利益和權利的實現，並因此獲得了政治獨立意識和自主的政治行動能力，而作為社會普通成員的消費者與政府的關係也從保護與被保護的模式，轉變為某種意義上的合作與支持模式。這種模式的形成，客觀上有助於破除傳統的政府萬能觀念和人們對政府的依賴心理，社會成員的民主意識會得到增強，社會政治民主也將獲得更具體、實在的內容，政府政治的弊端和盲點也會受到制約。

　　第三，消費者意識還能促成包括消費者在內的社會成員一般社會政治意識的產生，從而擴大了社會政治民主的基礎。消費者意識不僅

有助於透過集團政治的方式實現消費者個人的
利益和權利要求，而且還借助消費者身份的多
重性，將基於消費者個人所具有的其他社會身
份而產生的利益和權利要求轉化為其他方面的
一般社會政治意識，從而使消費者意識具有孕
育和產生社會政治意識的功能，產生直接激發
其他性質的社會政治意識的作用。

　　第四、消費者意識在終極的意義上奠定了
消費者在多元政治中的位置，加強了民主政治
制度的基礎。消費者意識不僅建立了消費者相
對於政府的獨立意識和政治主動性，而且也有
助於一般社會政治意識的產生，因而消費意識
本身具有培育積極的社會政治行動者的作用；
但消費者意識對現代政治所具有的意義，還不
僅於此。現代社會政治是多元政治，多元政治
一方面要求社會政治的成員具有本質上相互區
別的利益和權利要求，另一方面又要求社會成
員必須積極、全面地表達自己的利益和權利要
求，因此，在現代社會政治生活中，政治行動
者的主體地位就具有了決定性的意義。實際上，

對任何一種社會政治運動來說，政治行動者的主體地位總是與政治運動的目標和利益歸屬聯繫在一起的，政治行動者的利益和權利要求決定了政治行動的方向，也決定了政治行動者的政治行動能力。缺少實際、真實利益和權利要求的政治行動者不是在邏輯上是無法想象的，就是說明了在表面上的政治行動者之外，必定還存在著更真實、更重要的利益和權利要求者。在消費者政治中，消費者意識由於體現和綜合了每個消費者個人的利益和權利要求者。因此在邏輯和制度上確立了消費者在消費者政治中的主體地位，這樣消費者政治的利益和權利要求取向就得到了確實的保障，而消費者利益和權利要求一旦得到保證，消費者作為具有特定的利益和權利要求的社會群體就會在社會政治生活中占據一席之地，從而成為社會多元政治的一部分，而消費者也透過對多元政治的介入，為社會政治民主的建設作出了貢獻。

（二）消費者意識的具體表現

1.消費者的利益意識

消費者意識首先表現爲消費者對待自己特定利益的自覺意識。

像市場經濟社會中的其他任何社會成員一樣，消費者是有著自己特殊的利益的；而消費者建立在消費者利益基礎上的自覺意識就是消費者的利益意識。

消費者利益就是消費者在社會分配、交換、消費中可以獲得的物質收入和有助於自身物質、文化消費的條件。這種利益大致體現在三個方面：一是經濟利益的獲得，即消費支出的效益、效用和損害的賠償；二是身體的健康、安全利益，即任何生產者—經營者所提供的消費品應當有助於增進健康和身體享受，而不應損害健康、休息和危及生命；三是精神利益，即消費應有利於消費者獲得良好的、期望的主觀感受[3]。消費者對這些利益要求的意識就是消費者的利益意識。

　　從消費者利益意識的角度看，要實現消費者利益，就必須滿足消費者的一些基本需求，保障消費者實現消費目的所需要的一些基本條件，這些需求和條件包括：

(1)消費滿足的需求

　　一般來說，消費者支付自己勞動所得的代價，是爲了獲得特定形式的滿足，而消費者的消費能否得到滿足則一方面體現了一個社會分配制度和交換制度的實現程度，另一方面又體現了這個社會對消費者——人的需求滿足的尊重程度。

　　消費滿足是由生理滿足和心理滿足兩部份構成的。生理滿足包括消費者對基本生活資料需求的滿足、對安全需求的滿足、對婚姻的滿足，只有滿足了這些需求，消費者才能維持自己的生存。更進一步地說，在環境污染日益嚴重的情況下，消費者對清潔、優美環境的需求也已成爲生理滿足的內容，因爲只有在良好的環境下，消費者的生存才能得到更的的保障，因此屬於基本的生理滿足。

　　心理滿足包括消費者對精神享受需求的滿
足，對消費過程本身所帶來的樂趣的滿足，對
建立於消費行為之上的自我實現、自我表現的
需求的滿足，對與消費相關的社會交往的需求
的滿足等。

(2)必須保障消費者的消費能力

　　消費者的消費能力是消費者對商品和勞務
的公平支付能力。在市場經濟社會，生產者－
經營者提供商品和勞務，消費者支付應付的代
價，是毋庸置疑的，而消費者之是否有能力進
行某種消費，似乎只是消費者能否在自己的消
費能力和消費慾望之間進行很好的評估的問
題，而不是政治和社會制度問題。然而，實際
上，消費者消費能力的獲得是與社會制度密切
相關的，尤其是與政府政策密切相關的，因而
具有特殊的政治意義。概括說，這種相關表現
在三個方面：一是政府制定的收入分配政策能
否保障消費者得到公平的收入分配；其二是市
場商品價格是否合理，而當價格明顯不合理時，
是否存在一定的管道和途徑來加以調整；其三

是社會是否能夠為市場提供充分的商品和勞
務，商品是否短缺。以上三方面，涵蓋了消費
能力的各個方面：政府的收入分配政策直接決
定了消費者所能擁有的、用以進行消費的貨幣
量的多少；商品和勞務價格直接決定了在生產
者－經營者之間是否存在著一定程度的平等交
換關係，或生產者－經營者是否透過價格的形
式來達到直接剝奪消費者的目的；而商品和勞
務之是否短缺則說明一個社會是否為消費者提
供了一個現實的消費條件。如果不存在這樣的
消費條件，那麼消費者即使擁有再多的貨幣、
商品價格再低廉，對消費者來說，仍然是無法
進行消費的，這時消費者為得到消費條件所付
出的勞動實際上是沒有任何報償可言的，消費
者處在純粹的剝削之下。

(3)必須為消費者提供必要的消費訊息

　　消費訊息包括消費觀念、消費知識和具體
的商品知識。

　　任何觀念和知識都是某種程度的學習和引
導的結果。消費訊息對消費者來說具有一種「塑

造」的作用，而在「塑造」的過程中消費者的消費利益就有可能被犧牲、被出賣，因此消費訊息對保障消費者利益有著重要的意義。實際上，消費者的消費行為總是發生在具體的時間和地點的，人們總是難以設想脫離了具體時空限制的消費行為，因此為消費者提供消費訊息實際上是消費者現實地實現自己的消費需求所必不可少的外部條件。此外，即使從最技術的層面來看，為消費者提供具體的商品和勞務知識也是非常重要的，因為商品和勞務的功能的發揮常常是與對它們的正確選擇和使用有關係的。

具體來說，消費觀念是消費者關於購買、使用商品的正確觀念，具有指導消費行為的作用，而消費觀念的形成則是一個長期、綜合的過程，是消費者在對外界各種有關訊息經過系統地思索、驗證和比較後，所形成的深層心理。消費觀念一旦形成就會潛在地指導消費者的消費行為，具有巨大的長期、綜合效應。消費知識是各種與消費者購買、使用商品和勞務相關

的知識,消費知識越全面,消費者就能愈有效而順利地獲得更大的消費滿足。商品和勞務知識是與具體的商品和勞務有關的具體訊息,這些訊息的主要功能是在消費者的消費意願和具體的商品、勞務之間建立聯繫。

從消費訊息的內容不難看出,由於消費者相對於生產者-經營者來說,一般總是處於弱勢地位,他們易於受到強大的廣告、時尚和社會權威的影響,因此儘管消費者個人在消費訊息的形成過程中也會發揮一定的作用,但消費者的消費訊息主要是被「塑造」的,如果這種「塑造」能夠以比較真實、客觀和公正的精神來實現的話,那麼依賴於消費訊息、特別是消費觀念基礎上的具體的消費行為對消費者來說就有可能是比較公平、合理的,而一旦被誤導的話,消費者的消費行為必然會被置於不公平、不合理的結構之下,消費者的利益也就無法得到保證。因此,消費訊息的重要性不僅在於消費訊息對於消費者所具有的功能,而且更在於其所具有的潛在利益導向。

2.消費者的權利意識

作為市場經濟社會特定的成員，消費者不僅有特定的利益，而且也必定會享有相應的對其利益進行法律保護的權利。實際上，消費者權利的意識之所以長期以來隱而不顯，是由於消費者利益的被侵害、消費者地位的低下所造成的。隨著消費者保護運動的開展、保護消費者立法的增多，以及愈來愈多的政府對消費者保護的介入，消費者權利的意識也越來越受到人們的重視。

整個來說，消費者權利包括獲得具有所期望的質量和內容的商品和勞務的權利、自由選擇商品和獲得公正價格的權利、獲得商品的安全保障的權利、得到正確的商品和勞務訊息的權利以及就有關消費事務提出意見和建立自治性質和官方性質的消費者保護組織的權利。這些權利包括了從知情權到結社權的完整系統，標誌了消費者權利體系的日趨完善。

具體地說，消費者權利主要有以下一些內容：

(1)消費者知情權

　　消費者知情權從原則上說就是生產者－經營者在向消費者提供有關商品和勞務的時候，必須真實、完整、準確，而不能虛假、誇大、片面，以使消費者在進行消費行為之前能夠得到正確的訊息。

　　從實際運作的層面上看，消費者的知情權包括：知悉商品和勞務真實情況的權利，這項權利只有當生產者－經營者提供真實、可信的廣告和商品說明的情況下，才能得到真正的實現；同時這項權利也要求在市場上，政府有能力清除和制止任何虛假的商品和不合格的生產者－經營者的存在，使消費者得到包括商品介紹、操作示範或測試等在內的進一步的消費培訓和指導的權利。在科技高度發展的今天，很多商品完整功能的開發是與全面的掌握商品性能相關的，因此，消費者的利益也依賴於對商品功能的全面利用，消費者如果不能正確地發揮商品功能和使用商品，消費者的知情權不僅不會得到完全的實現，而且消費者的消費利益

還可能會因之受到損害。而對生產者－經營者來說，提供進一步的有關商品的培訓和教育顯然會增加成本和費用，甚至會使對消費者利益的侵害成為不可能，因為消費者一旦完全掌握了有關商品的全部訊息，某些生產者－經營者就無法利用雙方之間存在著的訊息嚴重不對等的情況而試圖侵害消費者。因此，消費者知情權的獲得不僅意味著整個市場環境的公正、平等，而且意味著消費者與生產者－經營者之間利益的變化。

(2)自由選擇權

　　消費者的自由選擇權就是當消費者在進行具體的消費行為時，消費者本人的自由意志應當是決定消費者行為的唯一原因。從表面看來，消費者的自由選擇權似乎是不言而喻的，實際上消費者能否實現選擇的自由不僅與具體的生產者－經營者有關，而且與某些重要的政治制度有關。由於生產者－經營者的原因所造成的消費者選擇的不自由，相對來說在市場經濟發展的過程中，隨著商品的豐富會愈來愈少，但

在某些情況下，由於某些政治制度的原因造成
的消費者選擇的不自由，在市場經濟社會發展
的特定階段甚至會表現得相當明顯，例如由於
商品短缺所造成的配額消費、由於缺乏充分競
爭造成的商品供給的壟斷局面等。

　　自由選擇權對保障消費者利益有關鍵的作
用，消費者如果不能自由選擇，就會降低消費
者的消費享受，甚至完全不能夠實現消費目的，
從而在根本上損害了消費者的利益。在具體的
消費行為層面，消費者在社會再生產過程中僅
僅是生產者－經營者牟利的對象，在社會政治
層面，消費者會成為不完善的社會政治制度的
最終受害者，不良的社會政治體制的後果最終
是由消費者來承擔的。

(3)複議和請求保護權

　　公平交易是市場經濟社會的基本規則，但
在市場條件不完善的情況下，消費者可能會遇
到大量的不公平現象，而在已經造成了對消費
者利益損害的情況下，如何彌補消費者的損失，
重新獲得公平交易的權利就顯得尤其重要。在

消費者利益受損之後，消費者不僅有權要求生產者－經營者給予補償，而且還有權要求社會團體、政府給予適當的支持，只有這樣，消費者才能在相對弱勢的條件下，得到足以與生產者－經營者力量相抗衡的對抗能力。因此，複議和請求保護權一方面意味著消費者在利益受損的時候，當然地獲得向生產者－經營者索賠的權利，同時也意味看消費者有權要求特定的社會團體和政府給以支持和保護的權利，而尤其重要的是，對政府來說，支持消費者的利益請求並不是出於政府的「善意」，而是自己的基本職責。

(4)對生產和經營活動的參與權

　　本來，消費者與生產經營活動是沒有直接的關係的，生產者－經營者提供商品，消費者使用和消費商品，兩者分別處於社會再生產環節的不同階段。但由於消費者是社會再生產過程中的最終承擔者，因此社會再生產過程的所有環節都直接、間接地與消費者利益發生了聯繫。儘管消費者不是生產者－經營者，而不具

有所有權意義上的對生產和經營活動的權利，但生產者－經營者卻完全有可能僅僅透過自己的生產和經營活動而形成對消費者利益的損害，在這種情況下，由於消費者不存在所有權意義上的對生產和經營活動的權利，因此問題的解決就只能訴諸於政治的方式，即在社會政治制度的層面上透過消費者對生產經營活動的參與而實際地監督和控制生產者－經營者的活動，以保證自己的利益不受到侵害。

消費者對生產和經營活動的參與權主要表現在兩方面：其一是消費者對直接的生產和經營過程的瞭解和監督，以實現消費者與生產者－經營者利益關係的平衡；其二是消費者對政府有關消費政策、產業政策和相關立法制定的介入，以達到政府官員、生產者－經營者和消費者之間在社會再生產過程（包括消費者要求複議和請求保護的過程）中的權利平衡，而只有當政府與生產者－經營者之間確實無法存在尋租和收買的關係時，消費者的消費利益才不會被其中的任何一方出賣。

(5)結社權

　　在現代社會中，有效的社會行爲往往是與一定規模的社會團體相聯繫的，社會團體的存在、社會成員的結社權的獲得是保障個人利益和權利的根本所在。對消費者權利的保障來說也不例外，消費者如果沒有結社權、或沒有適當的結成社會團體的條件，那麼消費者個人的利益將不僅會受到生產者－經營者這樣一些社會強勢集團的擠壓，而且同樣也會受到適當或不適當的政府政策的壓迫，這是由政治生活的本質決定的。由此可見，結社權對消費者利益和其它權利的實現具有保證性的意義。

　　消費者的結社權首先表現在消費者有權建立自己願意建立的消費者組織；其次是消費者有權要求政府建立以保護消費者利益爲職責的專門的政府機構。消費者自己建立的消費者組織，可以形成獨立於政府之外的直接與生產者－經營者相平衡的特定利益集團，而建立在政府機構內部的消費者保護機構，可以形成專門的維護和保護消費者利益的政府職能機構，以

更專業、更經常、更有效的平衡和監督政府機
構內部的代表生產者―經營者利益的其它的影
響。

二、消費者政治的組織形式
――消費者利益集團

　　利益集團是現代社會政治生活的「基石」
[4]。消費者利益集團是消費者政治的基石，對
消費者政治來說具有關鍵的意義。

　　利益集團在現代社會政治生活中的重要性
是由兩個因素造成的：第一，現代社會政治生
活本質上是多元民主，因此客觀上要求存在著
特定的利益和權利要求集團，如果沒有這些集
團的存在，也就不會有多元民主，因此利益集
團的普遍性、平等性體現了一個政治共同體的
政治正義性，可見利益集團的存在是有相當的
價值；第二，現代社會政治充滿了競爭，政府
政策是社會不同的利益主體之間競爭的結果，

因此利益集團直接、間接地參與了政府政策的
制定，成爲政府政治過程的一部分，在政治運
作中具有重要作用。這兩方面的原因說明了對
於任何社會普通成員來說，要想實際地參與社
會政治生活，就必須建立適當形式的利益集團。

　　對消費者來說，如果只是具有了明確的消
費者意識，能夠自覺意識到保護自身利益和權
利的重要性，卻沒有在組織層面上建立消費者
利益集團，他們仍舊不能夠把僅僅存在於意識
層面的要求轉化爲現實的政治行動。這是因爲
消費者無論是個人、還是數量意義上占有多數
地位的群體，都無法作爲一個有組織的政治參
與勢力，發揮對社會政治生活和對政府政策的
影響，而如果不能夠發揮這樣的影響，消費者
也就無法抗衡生產者─經營者的優勢地位，無
法影響政府的政策，因此，即使消費者保護自
身利益和權利的意識再強烈，他們也不會實際
地實現其保護自身利益和權利的目的。可見，
消費者利益集團對消費者政治具有重要的意
義。

　　消費者利益集團不僅具有重要的意義，而
且本身就是消費者政治的特定組織形式。消費
者利益集團是建立在消費者共同的、關於自身
利益和權利要求基礎之上的社會政治參與組
織，其目的是以實際地參與社會政治過程為手
段，來保護自身利益和權利不受生產者─經營
者以及政府不當政策的影響，其方法是透過自
身的實力，實現與生產者─經營者關係的平衡，
二是透過對政府政策制定過程的影響，來爭取
有利於消費者的政府政策。顯然，消費者利益
集團的建立是助於社會政治生活的公正和政府
政策的合法性、合理性目標的實際的。

　　正是由於消費者利益集團是消費者政治的
唯一現實的組織形式，消費者政治才最終在組
織形式的層面上獲得了具體的運作：建立消費
者利益集團是消費者政治得以實際展開的關
鍵。

　　那麼消費者利益集團必須滿足什麼樣的條
件呢？

　　首先，由於消費者政治要求必須同時具備

消費者意識和一定的組織形式，因此消費者利
益集團必然是一個具備了一定共同意識的、特
定的組織。不言而喻，消費者利益集團如果僅
僅只是一個數量上占多數的人群概念，而不具
有共同的消費者利益和權利意識，是無法參與
到社會政治生活中去的，至多只會有個別消費
者的政治行動，而不可能以消費者利益集團的
身份參與到社會政治生活中去；但另一方面，
如果僅僅具備共同的消費者意識，而沒有形成
適當的組織形式，那麼消費者的利益和權利要
求將只能侷限於意識的層面，而無法外化為現
實的政治行動，消費者政治將永遠只能是「意
識」的政治，而不可能成為現實的政治。

　　其次，消費者利益集團不是一般意義上的
消費者群體。由於消費者問題的特殊性，使一
般意義上的消費者群體本質上不具備有效的政
治行動能力；也就是說，消費者政治如果沒有
進行有效的組織的話，而僅僅被動地依托於不
具備組織形態的、數量巨大的消費者人群的話，
也將是無法運作的。其原因在於，消費者概念

是一個涵蓋極廣、包羅萬象的概念，因此在一定的意義上所有的社會成員都可以被認為是消費者，都可被納入到消費者群體的概念中去。消費者群體概念的超大外延，在技術上決定了消費者群體無法進行有效的政治行動，這一點著名經濟學家奧爾森已經作過傑出的論證。因此，如果簡單地認為消費者利益集團就是消費者群體的話，消費者政治將無從談起，消費者獨特的利益和權利也將不再有可能被保護，社會政治生活的公正、合理目標將永遠不可能實現，奧爾森所說的「集體行動的困境」就必然地在消費者政治問題上重演。但問題在於：消費者概念的寬泛並不必然地意味著無法將消費者進行有效地組織或只能以某種唯一的方式進行組織，因而認定消費者政治是不可運作的。實際上，類似於消費者保護一類的、處於「集體行動困境」中的一些問題在現代社會政治生活中不僅程度不同地得到了解決，而且有些還解決地很好，例如少數民族問題、環境保護問題、工會問題等等。

因此，在研究消費者政治可行性的時候，必須確立消費者政治的組織形式，而具有消費者政治可能性的組織形式的確立必須建立在區別消費者利益集團和消費者群體這兩個有著本質差異的概念的基礎之上：消費者利益集團是一個高度組織化的概念，是社會政治生活中的政治參與組織，而消費者群體只是消費者社會身份的分類，本身不具備有意識的組織要素。不難看到，兩者的區別在於：消費者利益集團是一個社會政治組織，而消費者群體僅僅是社會成員的分類概念，顯然對兩個不同的概念的混淆，會導致對消費者政治的不同判斷。實際上，有些人正是出於這種混淆，而無法看到消費者政治的重大意義和發展方向。因此解決消費者保護問題的出路必然在於如何有效地組織消費者利益集團。不言而喻，消費者利益集團如果是「有效」的、具備政治行動能力的，就必然不能夠是超大型的，因為超大型利益集團不僅會降低集團的政治行動能力，而且會造成集團內部激勵的機制的資源的浪費。消費者利

益集團的性質客觀上要求必須在外延極廣的消
費者群體中，尋找和組織具有共同的、特定的
次級利益和權利要求的消費者，而不是僅僅以
是否具備一般的消費者意識為辨別標準，也就
是說，真正的消費者利益集團必須在數量規模
上是適當的、在利益目標上是具體的、在政治
行動方面，其方案是能夠實行的。這樣，消費
者利益集團就是建立在消費者群體基礎之上
的、在數量、利益目標和行動方式上均與消費
者群體有著根本區別的社會政治參與組織了。

　　第三、消費者利益集團的成員必須是有選
擇的。從最一般的意義上說，消費者利益集團
是由那些已經具有消費者共同意識的消費者組
成的，這是存在於消費者利益集團與普通消費
者之間的自然選擇，構成了消費者利益集團成
員選擇的第一層次。第一層次的選擇保證了集
團成員對集團共同意識的認同和忠誠。

　　消費者利益集團成員選擇的第二層次是集
團內部的遴選機制，第二層次的選擇決定了作
為成員的消費者必須具備實際對消費者利益集

團的政治貢獻。實際上，對那些具備了共同的
消費者意識的消費者來說，能否成爲每個或某
些特定的消費者利益集團的成員並不是完全隨
意的，而是受約束的。這種約束表現在：從普
遍的情況看，儘管特定的消費者個人在抽象的
意義上都有可能成爲盡可能多的消費者利益集
團的成員，但實際上每個消費者個人往往只能
成爲一個或數量相對有限的消費者利益集團的
成員。原因在於，每個消費者都同時具有多種
消費身分，而消費者利益集團從性質上說只能
是一些較小型的、關於特定消費利益和權利要
求的集團，消費者利益集團從外在形式上看其
數量是眾多的、在時間和空間上是同時存在的，
因此在消費者身份與消費者利益集團的數量和
種類之間存在著某種對應關係，這種對應關係
固然爲消費者個人提供了滿足其實現要求的可
能性，但更具有意義的是它實際上已經大大超
出了消費者個人所能夠支配的時間和精力的許
可範圍，因此必然地決定了特定的消費者個人
是不可能同時都成爲所有的消費者利益集團的

成員的，而只能成爲某個或某些數量有限的消
費者利益集團的成員，因此能夠成爲某個消費
者利益集團的消費者就只能是消費者群體中的
一部分。

　　其次，特定的消費者個人在特定的約束條
件下，最終會成爲那一個或那些消費者利益集
團的成員，或者說，從消費者利益集團的角度
看，它會選擇什麼樣的消費者成爲自己的成員，
是由消費者利益集團內部存在著的成員錄用的
遴選機制決定的。這種遴選機制的功能主要體
現在：其一，它決定了某個消費者能否成爲某
個特定的消費者利益集團的成員的選擇標準，
此標準即主要取決取他（她）在關於自身利益
和權利要求的目標方面是否能與其他消費者相
接近，其二，這種遴選機制也預先設定了某個
消費者利益集團的規模和集團成員的來源，即
各個消費者的目標是否具有一定的接近性。從
實際運作的角度看，如果每個消費者的目標與
其他消費者已經存在的目標相吻合，同時每個
消費者又有足夠的政治行動積極性，願意參加

這個消費者利益集團，那麼這個消費者是非常有可能成爲該消費者利益集團的成員的，當然這種消費者利益集團也就能夠組織得起來。相反，如果每一個消費者在目標的設定方面與其他比較接近的消費者有著較大的差距，那麼他們既使再有參與消費者政治行動的積極性，他們也難以結合成爲一個有組織的集團，而只會長久處於一盤散沙的狀態，在社會政治生活中毫無價值可言，其中儘管可能會有一些具有較高政治行動熱情和能力的人，但也不會改變該集團目標方面的缺失和混亂，本質上並不具有消費者利益集團的性質。

總之，消費者利益集團作爲消費者政治的組織形式對於消費者政治來說是意義重大的，它賦予了消費者政治以操作化的形式，使消費者利益和權利的保護成爲可以實現的目標，因此它不僅僅是消費者政治的重要內容，而且是消費者政治首先需要達成的目標。

三、消費者政治的運作形式
——消費者保護運動

　　對消費者來說，任何一項關於權利和利益的要求都必須經過適當的政治運作才能實現，否則不論是多麼成熟的消費者意識、多麼高的組織程度，都無助於消費者利益和權利的獲得。因此，消費者保護運動是實現消費者利益和權利要求的最終環節，它既建立在消費者意識和消費者利益集團的基礎之上，又體現了消費者意識和消費者利益集團的存在意義。從這個角度看，消費者保護運動不僅構成了消費者政治的焦點，而且最集中地展示了消費者政治的內涵。

　　這種內涵體現在：首先，消費者保護運動是消費者自覺意識發展到一定程度後，為改變自身相對不利的弱勢地位，而展開的針對生產者—經營者和不當的政府政策的政治反抗運

動，因此不論消費者保護運動以什麼樣的外在
形式出現，它都體現了消費者政治的本質：消
費者以有組織政治的方式來主動調整與生產者
—經營者以及政府的關係，其結果必然導致消
費者、生產者—經營者和政府三者關係的變化，
形成相互之間新的互動，從而實現社會利益分
配關係的新格局；其次，在形式上，儘管從本
質上看，凡是立足於明確的消費者意識和適當
的消費者利益集團基礎之上的、其直接目標是
保護消費者現實利益和權利、並能夠發揮調整
消費者與生產者—經營者以及與政府政策關係
的作用、由消費者及其代表人物發動和參與的
一切消費者社會政治活動，都具有消費者保護
的性質，但消費者保護運動之所以與一般形式
的消費者政治活動有所不同，在於消費者保護
運動往往與相對較大規模的運動形式相聯繫，
因此只有當運動達到一定規模、吸引了越來越
多的消費者和消費者利益集團，而且在運動過
程中採用多種策略和參與形式的情況下，才能
形成特定意義上的消費者保護運動；而一旦形

成消費者保護運動，就意味著這個運動在內容上綜合包括了消費者意識的宣傳、新消費者利益集團的建立或利益集團聯盟的形成、消費者特定利益和權利的要求、對生產者─經營者優勢地位和主導行為的對抗、對政府政策制定過程的參與等方面；在規模上則有眾多的消費者和不只一個的消費者利益集團參加，並且必然地產生出運動過程中的消費者領袖人物；在運動的結果上，往往能實現以往不存在的或不可能實現的對消費者利益和權利有利的法律或政策安排。可見，消費者保護運動是消費者政治的高級表現形式，是消費者意識和消費者利益的最終實現。

儘管消費者保護運動在消費者政治中具有根本的重要性，但消費者保護運動本身並不是某種消費者政治積極性或主動性的顯露，相反地，它表明了消費者保護運動實質上是一種社會弱勢集團對社會強勢集團的適應性反應，具有顯著的消極適應的性質。這一特點決定了消費者保護運動一般總是與消費者某一方面的利

益和權利受到生產者—經營者經常、普遍侵害
的事實相聯繫。

　　這一事實產生了消費者保護運動的兩個特
點：其一，消費者保護運動往往具有突然爆發
的特性。如前所述，消費者的利益和權利會遭
到經常、普遍的侵害，但實際上一般消費者並
不總是能夠主動、明確地認識到這種侵害，因
爲在開始階段，當消費者政治還沒有成爲個別
消費者保護自身利益的選擇形式的時候，個別
消費者對這種侵害往往是無意識的，或儘管意
識到這種侵害的存在，但實際上是無能爲力的。
正是由於消費者的消極軟弱，原本明顯不合理
的侵害往往會在不知不覺、潛移默化的情況下
成爲一般市場規則，它不僅爲生產者—經營者
所接受，而且也爲消費者所接受，這種共同接
受的狀況一經形成，就會在根本上麻痺和模糊
消費者的利益和權利意識，使得消費者會逐漸
失去對其所處消費環境的理性判斷，顯然在這
種狀況下，消費者是無法形成有效的政治行動
的，因而必然地會淪爲生產者—經營者利益格

局中的附庸。消費者的盲目無知成為不合理、
不公正的消費環境的存在條件，從某種意義上
說，正是消費者的麻木和無知，造成了儘管存
在著大量侵害消費者現象，但很少發生消費者
保護運動的不正常狀況；但另一方面，在已經
產生的消費者意識的作用下，這些大量存在的
對消費者侵害的事實，會借助適當的時間和環
境，成為消費者保護運動發動和產生巨大的影
響。從經驗的角度看，一旦消費者政治領袖人
物或普通消費者突然認識到或認為有必要將早
已存在的侵害事實暴露給公眾、從而給廣大消
費者以極大刺激的時候，這些事實就會因其所
涉及的廣泛利益而使眾多的消費者捲入消費者
保護運動，從而在事實上引發具有廣泛基礎的
社會政治運動，顯然這種社會政治運動的爆發
是突然的，是完全超出了人們的預期的，因為
在此之前消費者對有關情況不是完全茫然無
知，就是早已習以為常了。

　　其二，偶然發生的、具有重大利益關聯面
的消費事件的爆發也可能促成消費者保護運動

的發動。由於消費者長期受侵害的事實、尤其
是與消費者生命財產安全受到侵害的相關事實
的存在，使消費者的利益、特別是某種程度的
生命財產安全一直受到連續不斷的威脅，但這
種威脅在大多數情況下是以一種不斷累積的、
但表面又是難以察覺的方式進行的，因此危害
的真實情況一般都沒有被普通消費者所明確意
識到，但當這種危害累積到一定程度的時候，
總是會以某種出乎人們意料的方式表現出來，
形成偶然的消費事件。而一旦產生了這樣的事
件，原先處於隱秘狀態的侵害事實也就公開化
了；原先存在於消費者和生產者—經營者之間
的表面平靜、實質上不平等的消費關係就不僅
會非常容易地被揭露，而且還會形成強大的社
會輿論，這種輿論往往會借助各種媒介以充滿
情感色彩的方式渲染、誇大消費者長期受侵害
的事實，形成廣泛的社會傳播，從而引起更多
的人，特別是與其有著直接利害關係的普通消
費者的不滿，甚至嚴重到造成全社會的消費恐
慌。不難看到，只要出現這種情況，這將非常

迅速地形成消費者保護運動的。因此，在以上兩種情況下發生的消費者保護運動，一方面反映了消費者對本質上長期存在的對消費者利益和權利侵害事實的必然反抗，另一方面也決定了消費者保護運動形式的內在邏輯。

　　儘管消費者保護運動，在通常的情況下是社會弱勢集團消極適應的行為反應，但由於現代社會，特別是比較發達的市場經濟、法治比較健全的政治體制已經為社會成員參與社會政治生活提供了一些管道和方法，消費者受侵害的事實往往也會成為現代政府政治所關注的內容，因此在一定的條件下，消費者保護運動也在一定程度上體現為以政府政策為主導的形式。在這種情況下，政府往往會主動地、引導性的制定一些有關消費者保護的法律和政策，改正生產者—經營者和消費者之間相對嚴重的不平等、不均衡狀態，從而實現一定程度上的對消費者利益和權利的保護；但是，由於生產者—經營者集團具有比消費者強大得多的經濟、政治和組織實力，擁有遠較豐富的資源，

而現代政府政策的實質又是社會不同利益集團
競爭和妥協的產物，因此，由政府主導的消費
者保護運動的發動，只能夠發生在兩種情況之
下：要麼是生產者—經營者與消費者之間的不
平等、不均衡已經達到非常嚴重的程度，因而
造成了比較明顯、比較嚴重的生產者—經營者
侵害消費者利益和權利的普遍現象，這種狀況
如果不加以解決，就會明顯地影響政府目標的
實現和政府的自身形象；要麼是政府明確意識
到如果採取某種保護消費者的政策會爲自己帶
來明顯的政治利益，因此將消費者保護運動作
爲政府和特定政治領導人新的政治資源的前提
下，主動引發消費者保護運動。因此現代政治
的性質決定了政府主導的消費者保護運動儘管
不是不可能的，但無論其範圍還是內容都必然
是有限的。如果說除此之外政府在消費者保護
方面還有什麼不可替代的作用的話，那麼也只
是在消費者和消費者利益集團透過自身的努
力，使自己所關注的問題上升爲全社會共同關
注的問題、成爲政府政策的對象的時候，消費

者的利益和權利要求才可能透過政府政策的權
威形式而最終得到實現，因此，儘管現代政府
已經在消費者保護問題上發揮了前所未有的重
要作用，但對消費者保護運動的目標和廣泛消
費者的最終利益和權利來說，真正能夠依靠的
還只有消費者和消費利益集團自身，現代政府
只有在非特定的情況下，才會成為消費者──市
場經濟社會的弱者的保護人。

　　綜上所述，就一般的理論分析而言，消費
者保護運動從整體上看，主要是由消費者利益
集團運作的，在特定的、少量的情況下，也可
能採取政府主導的形式；而從經驗的角度看，
消費者政治自一八九一年在美國第一次產生以
來（美國建立了全世界第一個消費者協會），大
致發展出以下一些主要的形式：

（一）輿論動員

　　就特定的消費問題發表專門的揭露性研究
著作，和專門期刊是消費者保護運動的主要方
式之一，這種方式不僅在消費者保護運動的早

期階段就得到了運用，而且在以後也一直被廣
泛地採用。例如一九〇六年在美國發生的爭取
潔淨食品和藥品的運動，就是以一本名爲《叢
林》的記實小說的發表爲開端的；美國一九六
〇年代消費者保護運動大規模的發展，是與《消
費者報導》雜誌發行量的不斷擴大息息相關的。
利用書籍和雜誌來進行輿論動員的方法，是打
破普通消費者茫然無知和習以爲常狀態的有效
手段。在當今時代，現代化的媒體的出現，更
爲消費者輿論動員提供了更多的可能性。

（二）消費抵制運動

對某些消費者已經和可能造成巨大危害的
消費品，相關消費者可能會組織起來建立抵制
消費該消費品的同盟。例如一九七〇年代日本
消費者就連續發動了若干次抵制某些具有特別
嚴重後果消費品的運動，這些抵制運動成功地
遏制了生產者—經營者對消費者利益的侵害，
直接地調整了消費者與生產者—經營者的關
係，產生了巨大的社會影響，使某些肆意侵害

消費者利益和權利的生產者─經營者逐漸認識
到：對消費者利益和權利的侵害最終也會損害
自身的利益。消費抵制運動是消費者對抗生產
者─經營者的最直接、最有效的形式，是消費
者保護運動最常用的形式，具有目的性明確、
對抗目標易於辨認、手段直接、運動時間有限、
易於展開等優點。但如果僅僅進行消費抵制運
動，而不配合其它形式的消費者保護手段，一
般來說消費者是無法挽回某些已經造成的損失
的。

(三)要求政府管制和制定立法的運動

　　消費者在保護自身利益和權利的時候，除
了可以採取以上與生產者─經營者直接接觸和
對抗的形式外，對某些具有普遍性和強制性的
內容，還必須最終得到政府政策和立法的幫助。
消費者對政府管制政策和制定立法的要求，一
般是與其它形式的消費者保護手段結合在一起
進行的，如與輿論動員和消費抵制運動等，而只
有當消費者的社會影響力達到一定程度時，政

府管制和制定新的立法才會成爲可能。事實上，
比較成功的消費者保護運動的案例一般都是與
政府管制措施和立法的運動相聯繫的，這對那
些原先並沒有被納入到政府政策和法律規範範
圍內的某些消費領域尤其具有重要意義。正是
由於有了這些運動，美國在一九六〇年代才首
次有了《全國交通和汽車安全法》，日本在一九
七〇年代由政府出面禁止某些嚴重危害消費者
生命和財產安全商品的銷售以及一九八〇年代
的《關於訪問銷售等的法律》等相關法律的出
現，從而填補了政府市場管理的空白，完善了
法律體系，當然也使消費者的利益和權利得到
了法律的保護和依托於政府政策強制力的支
持。

（四）消費者國際運動

　　隨著經濟全球化程度的加深，生產者—經
營者的跨國經營成爲非常普遍的現象，在這種
情況下，原先相對隔絕的各國消費者具有愈來
愈密切的共同利益；此外，即使不考慮經濟全

球化的影響，消費者作為社會再生產過程中與生產者—經營者相對立的社會成員，也必然具有超越性的共同性，因此消費者保護運動的深入發展必然會要求國際間消費者利益集團的溝通和合作。從功能上看，消費者的國際溝通和合作運動是能夠強化和擴大有關消費者權利和利益的觀念，從而有助於消除因為各國經濟發展不平衡而帶來的消費歧視，並在此基礎上逐步建立消費者在社會發展中的主體地位，這將有助於各國經濟和社會健康發展的；其次，消費者國際運動能夠加強各個成員集團間對有關具體消費者保護問題的合作，發展共同的消費者保護手段，從而能夠在全球範圍內成功地對抗生產者—經營者聯盟，使消費者的利益和權利得到真正的實現。目前，消費者國際運動主要透過建立和參加國際消費者組織和開展跨國的消費者利益集團合作這兩種方式進行，其中，國際消費者聯盟組織（IQCU）是消費者國際運動的主要陣地和活動方式。

注　釋

[1]塞繆爾・杭廷頓：《變遷社會中的政治秩序》，王
　　冠華等譯，三聯書店，1989 年版，第 35 頁。

[2]有關生產者主權的內容，參閱丹尼爾的書。

[3]參見謝次昌主編：《消費者保護法通論》，北京：
　　中國法制出版社，1994 年版，第 118 頁。

[4]「基石」一語出於 Bentley, A, F. 的 *The Process of
　　Government*　一書，該書於 1967 年出版
　　（Harvard:Belknap, 1967.）

文化手邊冊　45

消費者政治學

作　　　者／楊鳳春

出　版　者／揚智文化事業股份有限公司

發　行　人／葉忠賢

總　編　輯／孟　樊

登　記　證／局版北市業字第 1117 號

地　　　址／台北市新生南路三段 88 號 5 樓之 6

電　　　話／(02)2366-0309　2366-0313

傳　　　真／(02)2366-0310

印　　　刷／偉勵彩色印刷股份有限公司

法律顧問／北辰著作權事務所　蕭雄淋律師

初版一刷／1999 年 6 月

定　　　價／新台幣 150 元

南區總經銷／昱泓圖書有限公司

地　　　址／嘉義市通化四街 45 號

電　　　話／(05)231-1949　231-1572

傳　　　真／(05)231-1002

ISBN　957-818-013-6

網址：http://www.ycrc.com.tw

E-mail：tn605547@ms6.tisnet.net.tw

國家圖書館出版品預行編目資料

消費者政治學＝Consumer politics／楊鳳春
著.--初版.--臺北市：揚智文化，1999〔
民88〕
面：　公分.--（文化手邊冊：45）

ISBN　957-818-013-6（平裝）

1.消費者保護　2.消費者

548.39　　　　　　　　　　88006186